고민을
그만하고 싶습니다만

고민을
그만하고 싶습니다만

고민 속에서 헤매는 당신을 위해

가토 다이조 지음 | 이정환 옮김

🌲 나무생각

| 차례 |

1장 건강을 해칠 정도로 고민한다

2장 고민을 하는 것이 더 편하다

3장 고민 속에 비밀스런 바람이 담겨 있다

4장 고민을 위한 고민이 되풀이될 뿐이다

6장　마음이 성장해 온 역사를 이해한다

언제까지 고민만 할 것인가

행복해지고 싶다는 것은 말뿐이다

행복해지고 싶다는 생각을 하고 노력하여 행복해질 수 있다면 그보다 고마운 일은 없을 것이다. 그런데 대부분의 사람들은 행복해지기를 바라면서 실제로는 불행해지는 행동을 한다. 행복해지고 싶다면 이 부분을 먼저 꼭 짚고 넘어가야 한다.

"사람은 행복해지기를 바라면서 왜 불행해지는 쪽으로 노력을 하고 불행해질 수밖에 없는 행동을 하는 것일까?"

말로는 행복해지고 싶다고 내세우면서 실제로는 불행해지는 쪽으로 노력을 기울이는 사람들이 정말 많다. 늘 지금보다 더 불행해지기 위해 노력하는 사람들이다.

최선을 다해 노력하는 것만이 전부가 아니다. 미국의 실존주의 심리치료의 대가 롤로 메이Rollo May에 따르면 "의지는 자기 파괴적으로 작용한다."고 한다. 최선의 노력을 기울여 열심히 공부해서 좋은 대학을 졸업하고 좋은 회사에 들어가 역시 최선을 다해 엘리트가 되었다. 그러나 그 결과 우울증 환자가 된 경우가 있다. 때로는 자살을 하는 사람도 있을 만큼 심각하다.

의지가 항상 자신을 발전시키는 방향으로만 작용한다면 정말 고마운 일이지만 그렇지 않은 것이 문제다.

감기에 걸렸다고 한숨을 내쉬며 소란을 피우는 사람이 있고 암에 걸렸다는 말을 들어도 냉정함을 유지하는 사람이 있다. 고민을 하는 사람의 입장에서는 객관적인 관점이 중요한 것이 아니라 본인 스스로 느끼는 감각이 중요하다. 사람은 발생한 사건에 딱 들어맞는 객관적인 반응을 하는 존재가 아니라 주관적인 반응을 보이는 존재다.

객관적으로 보자면, 늘 고민하는 사람이라고 해서 꼭 고통스런 환경에 놓여 있는 것만은 아니다. 사람은 객관적인 관점에서 봤을 때 고통에 해당하는 일에만 한숨을 내쉬고 고민하는 존재가 아니기 때문이다.

고민하는 사람의 입장에서 고통에 처해 있다면 그것은 정말 고통스러운 상황이다. 가령 고민을 현미경으로 들여다보고 있는 사람이 있다고 하자. 그의 입장에서 볼 때 고통은 자신이 들여다보고 있는 크기에 비례한다.

물 한 잔을 마시고 웃을 수 있는 사람도 있지만, 솜옷을 입고 우울한 기분에 젖어 있는 사람의 입장에서는 산다는 것 자체가 견딜 수 없는 고통일 수 있다.

사회적, 육체적으로 혹독한 환경 속에서도 밝게 살아가는 사람이 있다. 반대로 혜택받은 환경 속에서도 자신의 불행을 읊조리는 사람이 있다. 경제적으로 부유한데도 다른 사람을 원망하면서 고민에 빠져 살아가는 사람이 있고, 경제적으로 계속 어려운데도 평온한 마음으로 행복하게 살아가는 사람이 있는 것이다.

정신분석가인 카렌 호나이Karen Horney는 정신분석의 명저인 《The Unknown Karen Horney》에서 이렇게 말했다.

"현실의 고통suffering과 그 개인의 실제 불행realistic unhappiness이나 제한limitations에 대한 태도에는 커다란 차이가 있다."[1]

즉, 별것도 아닌데 한숨을 쉬는 사람이 있고, 매우 힘든 상황에서도 마음의 평온을 유지하는 사람이 있다.

또 '현실적 곤란'에 상대해 '감정적 곤란'이라는 말이 있다. 감정적 곤란Emotional difficulties 정서 장애는 미국의 정신과 의사 프리다 프롬 라이히만Frieda Fromm-Reichmann이 한 말이다.[2] 이 감정적 곤란은 인간관계에서의 곤란 등을 말한다. 인간관계를 어디까지 자각하고 있는가, 인간관계에 어디까지 대처할 수 있는가 하는 것이 그 사람의 심리적 건강 상태를 좌우한다.[3] 우울증 환자들은 바로 이 감정적 곤란 상태에 있다.

현실적인 고통과 심리적 고통은 다르다. 이 책에서는 심리적 고통에 관하여 집중적으로 다룬다. 마음가짐에 따라 행복해질 수 있는 경우가 있고, 마음가짐과는 아무런 관계가 없는 현실적인 고통도 있다.

또 마음을 어떻게 가져야 행복해질 수 있는지에 대해서도 생각해보았다. 행복해질 수 있는데도 행복해지지 못하는 사람에게는 어떤 문제가 있는지 생각해 볼 필요가 있다.

누구나 "나는 행복해지고 싶다."고 생각한다. 누구나 "나는 고민하고 싶지 않다. 고민이 없는 인생을 살고 싶다."고 생각한다. 다시 말하면, 누구나 "나는 긍정적으로 살고 싶다."고 생각하면서도 긍정적으로 살지 못하는 것이다.

아무리 긍정적으로 살고 싶다고 결심을 해도 좀처럼 그런 삶을 살 수가 없다. 마음먹은 대로 행동할 수가 없다. "사고방식을 바꾸자."고 생각하면서도 바꾸지 못한다. "비관적인 사고방식을 바꾸고 싶다."고 생각하면서도 바꾸지 못한다.

왜 그럴까?

생각한 대로 행동하지 못하는 이유는 '의식'이라는 관점으로만 자신을 생각하기 때문이다. 의식이 아닌 '무의식'의 관점으로 자신을 생각한다면 무의식에 존재하는 자신은 다른 것을 바라고 있음을 알 수 있다.

의미가 없다는 사실을 알면서도 끙끙거리며 고민을 하는 이유는 무엇일까?

한숨을 내쉰다고 사태가 바뀌지는 않는다는 사실을 잘 알고 있으면서도 끊임없이 한숨만 내쉬는 사람이 있다. 왜 스스로 불행의 방으로 들어가는 것일까?

이 책에서는 이론으로는 설명할 수 없는 인간 심리에 대해 다시 한번 진지하게 생각해 보고자 한다.

왜 고민에 의존할까

늘 어떤 문제로 고민하는 사람이 있다. 하지만 지금 고민하고 있는 것이 고민의 진정한 원인이 아닌 경우가 많다. 사실은 '고통스럽다', '괴롭다'고 고민하는 과정을 통하여 무의식중에 축적되어 있는 분노를 간접적으로 방출하고 있는 경우다.

그렇기 때문에 늘 고민에 사로잡혀 있는 사람의 입장에서 보면 고민하는 것 자체가 구원이다. 고민에 사로잡혀 있어야 편안한 것이다.

'고통스럽다', '괴롭다'고 고민을 하지 않으면 무의식에 축적되어 있는 분노를 표현할 수 없다. 끊임없이 고민하고 소란을 피워야 무의식이 원하는 것을 충족시킬 수 있는 것이다.

'고통스럽다', '괴롭다'고 호소하는 목적은 무엇일까?

어떤 일에 실패했다. 무엇인가를 잃었다. 하지만 사태를 개선할 수 있는 에너지가 없다. 그렇다고 현실을 받아들일 수 있는 마음의 적극성도 없다.

그런 경우, 한숨을 내쉬는 것이 심리적으로 가장 편안하다.

"고민하지 말아야지." 하고 생각해도 고민하지 않고는 견딜 수 없는 상태라면 '고민 의존증'이다. 고민하는 것은 괴로운 일이고 자신에게 도움이 되지도 않는 것이니까 하지 말아야겠다고 결심을 하지만 고민을 하지 않고는 견디지 못한다.

알코올의존증에 걸린 사람은 술을 마시는 행위가 자신에게 전혀 도움이 되지 않는다는 사실을 잘 알고 있지만 마시지 않고는 견디지 못한다. 마찬가지로 '고민 의존증'을 앓고 있는 사람도 고민하는 과정을 통하여 무의식이 원하는 욕구를 충족시키고 있는 것이다. 축적된 분노와 증오를 표현하고 있는 것이다. 그렇기 때문에 고민은 그에게 치유에 해당한다.

자기 연민에 사로잡혀 있으면 다른 사람들로부터 손가락질을 받을 뿐이다. 하지만 자기 연민에 사로잡혀 있는 사람은 그 사실을 알면서도 그 상황에서 벗어나지 못한다.

자기 연민에 사로잡혀 있는 까닭은 무엇일까?

사실, 자기 연민에 사로잡혀 있는 사람은 자신이 무슨 목적 때문에 자기 연민에 사로잡혀 있는지 모른다. 이 책에서는 그 목적에 대해서도 생각해 볼 것이다.

1장 ——————————————————————————

건강을 해칠 정도로 고민한다

아이가 꽃밭에서 소란을 피운 이유는
꽃에 관심이 있어서가 아니라
그냥 다른 사람들이 자신에게 관심을 가지고
살펴봐주기를 바라기 때문이다.

분노로 인해
몸과 마음이 다 아프다

카렌 호나이에 의하면 "분노는 세 가지 반응으로 나타난다."[4]고 한다.

첫째는 '심신의 컨디션 이상'이다. 구체적으로는 피로, 편두통, 소화 불량 등이다.

둘째는 분노를 제어하지 못하고 폭력으로 드러내는 것이다.

마지막으로는 불행을 과시하는 것이다. "나는 상처를 입었어!", "괴로워!" 하고 소란을 피우는 것이다.

신경증 환자가 '상처를 입었다'고 소란을 피우는 행위는 평소에 쌓인 분노의 표현이다. 그들의 입장에서 "괴로워!" 하고 소리치는 것은 분노의 간접적 표현이다.

또 카렌 호나이는 "고통은 비난을 표현하는 수단이다."[5]라고 말했다. 고통을 겪고 있는 사람에게는 괴로워하는 것이 곧 구원이다. 괴로워하는 모습이 자신의 분노를 드러내는 수단이기 때문이다.

분노는 정의를 비롯한 다양한 가면을 쓰고 등장한다. 그런데 정당성이 없을수록 분노는 과장되고 피해는 강조된다. 피해 의식은 공격성이 변장을 한 심리라고 볼 수 있다.

그러나 분노가 정의의 가면만을 쓰는 것은 아니다. 4장에서 설명하는 '불행 과시' 등도 마찬가지로 분노의 가면이다.

공격성은 흔히 '고민'이라는 가면을 쓰고 등장하기도 한다.

5장에서도 설명하겠지만 공격성이 불면증이라는 가면을 쓰고 등장한다. '잠을 잘 수 없다'고 해서 무조건 불면증인 것은 아니다. 그 사람이 잠을 잘 수 없다는 사실 때문에 고민을 하게 되었을 때 그것이 불면증이 된다. 잠을 잘 수 없다는 점에 관하여 심각하게 고민하는 사람이 있고 그다지 고민하지 않는 사람도 있다.

질병에 대한 태도도 그렇다. 예를 들어, '수면 무호흡 증후군'이라는 질병이 있다. 이 질병에 관해서 어느 정도 고민하는가 하는 것은 사람에 따라 다르다. '수면 무호흡 증후군'이라는 진단을 받았다면 분명 이는 현실적인 고민이다. 그러나 이 현실적인 고민을 심각하게 받아들이는 사람이 있고 단순하게 받아들이는 사람이 있다. 단순하게 받아들이는 사람은 담담히 치료를 받는다. 심각하게 받아들이는 사람은 자신이 '수면 무호흡 증후군' 때문에 고통을 받고 있다고 생각하지만 사실은 그렇지 않다.

"아, 수면 무호흡 증후군에 걸렸어. 어떻게 하지? 어떻게 해야 되는 거야?"

이런 식으로 심각하게 고민하는 사람은 사실은 수면 무호흡 증후군 때문에 고민하는 것이 아니다. 무의식중에 축적된, 해결되지 않은 분노 때문에 고민하는 것이다. 무의식중에 축적된 분노가 수면 무호흡 증후군 때문에 고민한다는 과정을 통하여 간접적으로 표현되고 있는 것이다.

그렇기 때문에 잠을 잘 수 없다는 문제를 심각하게 받아들이고 고민에 사로잡혀 허덕이는 사람도 존재한다. 그렇게 고민하는 행위를 통하여 숨겨진 적대감이나 분노를 간접적으로 표현하는 것이다.

무의식중에 억압된 분노나 적대감이 질병이라는 가면을 쓰고 등장하는 것, 이것이 이상할 정도로 질병에 대해 심각한 고민을 하는 사람들의 진정한 모습이다.

부모와의
심리적 교류가 없었다

　고민에 사로잡혀 있는 사람은 부모에게 자신의 감정을 무시당하면서 자란 사람이다. 그래서 부모를 포함하여 주변 사람들에게도 비판적인 사람이 되는 것이다. 무시당하고 자라면서 다른 사람에게 비판적인 사람으로 성장했기 때문에 친구를 쉽게 만들지 못하고 고립될 가능성이 높다.

　그래서 존재감을 상실하고 자신이라는 존재에 대한 믿음을 가지기도 어렵다. '존재감 상실증'이라고도 말할 수 있는 심리 상태다. 그는 다른 사람과의 심리적 교류가 없다. 부모와의 심리적 교류를 경험해 보지 못했기 때문이다.

　그는 얼마나 많은 시간 동안 괴로움을 호소하며 보냈을까?

'괴롭다'는 이 호소는 신경증적 고통의 호소다. 달리 말하자면, "나는 내가 아닌 다른 사람이 되어버렸어."라는 추상적인 고통의 호소다. 이것도 '존재감 상실증'에 해당한다.

여기에 외부적 요인이 반드시 수반되지는 않는다. 당사자가 그냥 고통스럽다고 호소하는 것이다. 어떤 문제 때문에 고통스러운 것이 아니라 기본적인 애정 결핍에서 오는 고통이다.

이것은 있는 그대로의 자신으로 존재할 수 없는 환경에서 성장하고 줄곧 살아왔기 때문이다. 주변 사람들로부터 진정한 자신은 거부되고 다른 사람이 될 것을 강요받으며 살아온 탓에 자신을 잃어버린 것이다.

'자신을 잃어버렸다'는 것은 무엇을 잃어버렸다는 의미일까?

미국의 심리학자 에이브러햄 매슬로Abraham H. Maslow의 주장을 따른다면, 자기 존재감은 '자아실현'의 핵심적 부분이다. 성장할 수 있는 능력 그 자체이며 스스로에 대한 긍정적 감정인데, 그것을 잃어버린 것이다.[6]

고민에 사로잡혀 있는 사람의 마음은 기본적으로 비생산적이다. 그들이 행동하는 동기는 성장 욕구가 아니라 퇴행 욕구다. 그리고 사랑받기를 원한다. 착취하기를 바란다. 물질을 착취하는 대신 사랑이나 관심을 착취하기를 원한다.

공포감 때문에
퇴행 욕구에 매달린다

사람이 성장을 하려면 안도감이 있어야 한다. 안도감은 공포를 느끼지 않는 상태다.

안도감 대신 공포감이 있으면 퇴행 욕구와 성장 욕구 사이에서 갈등을 하다가 결국 퇴행 욕구에 매달리게 된다.

퇴행 욕구는 시효가 없어서 수십 년이 흘러도 사라지지 않고 이런저런 심리적 문제들을 지속적으로 불러일으킨다. 권위주의적인 부모 밑에서 성장한 사람은 공포감 때문에 고통을 받는다. 그들은 안도감을 느끼지 못하고 줄곧 불안에 시달린다. 따라서 성인이 되어서도 퇴행 욕구에 매달리고, 이는 늙는다 해도 사라지지 않는다.

이 퇴행 욕구와 성장 욕구의 갈등을 본인의 내부에서 정확하게 의식하지 않으면 '고민을 해도 소용이 없다'는 사실을 잘 알고 있으면서도 계속 고민을 한다. 스스로를 정확하게 분석하지 않으면 자신이 왜 이렇게까지 고민만 하고 사는 것인지 그 원인을 알지 못한다.

반면 스스로를 정확하게 분석하면 본인에게서 성장 능력을 빼앗은 사람이 누구인지 이해하게 되고, 그 대상을 이해할 수 있으면 행복하게 살 수 있는 방향이 보인다.

하지만 퇴행 욕구를 가진 사람은 현실이 아무리 혹독해도 심리적으로는 고민을 하는 익숙한 상태에서 편함을 느끼기 때문에 바뀌려 하지 않는다. 고민에 사로잡혀 있는 사람은 현실적으로 곤란할 때 자신을 바꾸려는 노력을 무의식중에 거부한다. 그렇기 때문에 막상 현실적으로 닥친, 지금 눈앞에서 발생하고 있는 문제에 올바른 대처를 하지 못한다.

"고민에 빠져 있는 사람에게는 문제를 해결하려는 의지 자체가 없다."는 말이 괜히 있는 게 아니다.

문제 해결을 하려면 현재의 심리적인 편안함으로부터 벗어나야 한다. 하지만 고민에 사로잡혀 있는 사람은 그렇게 할 수 없다. 괴롭다고 호소하면서도 바뀌려는 노력을 하는 대신 퇴행 욕구에 매달린다.

이런 상태는 '자신을 바꾸려는 노력을 무의식중에 거부한다'는 뜻이다. 따라서 자신이 바뀌기를 '거부'하고 고민에만 빠져 있다는 사실을 정확하게 인지해야 한다.

고민 그 자체가
구원으로 작용한다

고민이 구원으로 작용하고 있는 사람은 상대에게 "어머니가 아이를 돌보듯 나를 따뜻하게 대해주었으면 좋겠다."고 말한다. 이것은 충족되지 않은 퇴행 욕구에서 비롯된 절규다.

현실 상황에 올바르게 대처하지 않고 단지 한숨만 내쉬는 것은, "나를 달래주지 않는다면 나는 살아갈 수 없다."는 다른 표현이다. "나는 무기력해. 도와줘."라는 뜻인 것이다.

데일 카네기Dale Carnegie의 책을 읽어보니 다음과 같은 내용이 있었다.

어떤 사람이 뉴욕 가정법원의 수천 건의 이혼 소송을 조사해 보았는데 남편이 집을 나오는 주요 원인은 "아내의 잔소리가 많

다."는 것이었다.[7]

정말 그것이 이혼 원인의 가장 높은 비중을 차지하는지 확인하기는 어렵지만 남편이 아내의 잔소리를 견디지 못한 심리는 이해할 수 있다. 그 이유는 퇴행 욕구다. 칭찬받고 싶은 바람, 자신의 괴로운 마음을 알아주었으면 좋겠다는 바람을 가지고 있는 사람에게 제안, 노력 등과 관련된 이야기의 반복은 견디기 어렵다.

무엇무엇을 개선할 것인지를 제안하거나 더 노력하도록 장려하는 것은 충족되지 않은 퇴행 욕구를 오히려 자극한다. "이렇게 저렇게 해봐."라는 상대의 제안은 퇴행 욕구를 가진 사람에게는 매우 불쾌한 언행에 해당하기 때문이다.

따라서 "이번 달 이것 때문에 지출이 훨씬 많아졌잖아."라는 아내의 말은 퇴행 욕구를 가진 남편에게는 비수에 해당한다. 퇴행 욕구를 가진 남편은 "당신이 이렇게 열심히 일해주고 있는데 내가 좀 더 아껴 쓰지 못해서 미안해." 하는 식으로 아이를 달래는 듯한 말투로 대해주어야 만족해한다.

자신은 특별한
사람이라고 믿고 있다

신경증 환자는 "나는 특별하다."라는 의식이 강하다. 따라서 다른 사람들과 같은 취급은 불쾌하게 받아들인다. 어린아이가 어머니에게 특별한 대우를 받고 싶어 하는 것과 비슷하다.

무의식에 존재하는 "따뜻한 대우를 받고 싶다."는 진심의 배후에는 "나를 특별하게 대해줘."라는 신경증적 요구가 있다.

물론 직접적으로 "나를 특별하게 대해줘."라고 말하지는 않는다. "나는 특별하게 대해줘야 해."라는 주장을 다른 언어나 행동으로 표현한다.

왜 자신을 특별하게 대해줘야 하는지, 그 이유에 대해서는 여러 가지 구실을 찾아 내세우기도 하지만 진심은 "따뜻한 대우를 받고 싶다."는 것이다. 진심은 부끄러워서 말하지 못한다. 아니, 본인조차 제대로 의식하지 못하고 있다. 무의식의 욕구이기 때문이다. 즉, 퇴행 욕구를 가진 사람의 무의식이 "나는 특별한 대우를 받지 않으면 괴로워서 살아갈 수 없어."라고 말하고 있는 것이다.

그런데 현실 세계에서는 그 사람을 특별한 사람으로 대우하지 않기 때문에 괴로워서 끊임없이 한숨을 내쉰다. 그리고 "아무도 나를 알아주지 않아." 하고 절규한다.

사실 아무도 알아주지 않는다. 세상은 그 사람을 특별한 사람으로 생각하거나 대하지 않기 때문이다. 연인도, 아내도, 남편도, 누구나 상대를 평범한 인간이라고 생각한다. 성인이 되면 아무도 그 사람을 달래주려 하지 않는다. "따뜻한 대우를 받고 싶다."고 바라는 사람과는 커뮤니케이션을 할 수 없다. 따라서 성인이 되어서도 무의식적으로 "따뜻한 대우를 받고 싶다."고 바라는 사람은 점차 고립될 수밖에 없다.

자신의 감정이나 욕구를 컨트롤할 수 있다는 것은, 심리적으로 자신을 컨트롤할 수 있는 사람으로 성장했다는 뜻이고, 현실을 대하는 능력이 갖추어져 있다는 뜻이다. 현실적으로 상대를 대할 수 있기 때문에 타인과 커뮤니케이션을 할 수 있다.

반면에, 현실을 부인하는 사람은 타인과 커뮤니케이션을 할 수 없다. 상대를 현실적으로 대할 수 없는 데다 자신의 심리적 현실도 인정하려 하지 않기 때문이다. 자신이 실제로 바라고 있는 것을 부인하고, "나는 정서적으로 아직 어린아이다."라는 현실을 부인한다.

현실을 부인하면 커뮤니케이션 능력을 상실할 수밖에 없다.

심리적으로 건강한 사람이라면 아무렇지도 않게 생각할 주위 사람의 말 한마디가, 현실을 부인하고 자신만의 틀 속에 갇혀 살아가는 사람에게는 죽을 만큼 견디기 어려운 고통으로 다가온다.

"나는 특별하다."고 주장할 때, 그 사람은 이미 심리적으로 공황 상태에 빠져 있다.

따뜻한 대우를 받고 싶지만 사람들은 따뜻하게 대해주지 않는다. 그래서 자신을 위대한 인물로 만들면 따뜻한 대우를 받을 수 있을 것이라고 생각하여 열심히 노력해보지만 결국 위대한 인물이 되는 데에도 실패한다. 자신을 위대한 인물로 만들고 싶지만 그럴 능력이 없는 것이다.

결국 거대한 장벽 앞에 멈추어 이러지도 저러지도 못하는 상황에 놓인다. 그래서 온몸으로 "나는 특별하다."고 절규밖에 할 수 없는 것이다.

어린 시절, 사랑을 듬뿍 받으면서 성장한 사람이 있다. 행복한 사람이다. 자랑하고 싶은 일이 있을 때에는 보호자들이 얼마든지 화제로 삼고 칭찬해 주었다.

예를 들어, 운동회 계주에서 1등을 해 자랑하고 싶다. 할머니가 그때의 이야기를 몇 번이나 되풀이해서 칭찬해 준다. 이것이 바로 어머니의 사랑이다. 생물학적인 의미에서의 어머니만이 어머니는 아니다.

어린아이는 이런 반복적인 칭찬을 기대한다. 우울증에 걸린 사람에게는 어린 시절에 그런 할머니 같은 존재가 없었다. 정말 듣고 싶은 칭찬을 반복적으로 되풀이해서 들려주는 사람이 없었던 것이다.

한 번도 자기를 중심으로 세상이 돌아간 적이 없다. 한 번도 "○○는 어떻게 생각하니?" 하는 질문을 받아본 적이 없다. 자신이 중심이 되어 세상이 돌아간다는 느낌을 받은 적이 없다.

오히려 하지 말아야 할 말을 하는 사람은 있었다. 그래서 성장하는 과정에서 기력이 소모되고 몸보다 먼저 마음이 피폐해졌다.

사람은 자기중심으로 세상이 돌아가는 경험을 한 이후에야 비로소 주변 세상에 관심을 가질 수 있다. 그렇기 때문에 우울증에 걸리는 사람은 외부에 관심을 가지지 못한다. 사랑을 받고 싶다는 욕구가 지나치게 강해서 그 이외의 대상에 관심을 가질 수 없는 것이다.

불안한 아이는 꽃밭에서 소란을 피우지만 꽃은 꺾지 않는다. 그 아이가 꽃밭에서 소란을 피운 이유는 꽃에 관심이 있어서가 아니라 그냥 다른 사람들이 자신에게 관심을 가지고 살펴봐주기를 바라기 때문이다.

인간관계도 마찬가지다. 어떤 사람이 요란스럽게 여기저기 친절을 베풀면서 돌아다니는데, 자세히 살펴보면 친한 사람이 없다. 그런 사람은 자신에게 관심을 가져주지 않는 어머니 밑에서 자란 사람이다.

우울증 환자가 현실적으로 괴로운 일이 딱히 없어 보이는데도 왜 "괴로워!" 하고 소란을 피우는 것인지 생각해 볼 필요가 있다.

자신의 바람을
솔직하게 말할 수 없다

인정받고 싶고, 사랑받고 싶다. 하지만 무의식에 적대감이 존재한다. 이런 심리 상태에서 사람은 어떤 말과 행동을 할까?

예를 들어, 아버지는 아이와 바다에 가고 싶다. 하지만 아이에게는 아버지에 대한 적대감이 있고, 아버지는 그런 아이로부터 사랑을 받고 싶고 인정을 받고 싶다. 이 경우, 아버지는 아이가 "아빠, 바다에 가고 싶어."라고 말하게 하여 바다에 데려가주는 것이 가장 바람직한 결과라고 여긴다. 자신이 원하는 결과를 얻으려고 아이를 조종한다. 이런 식으로 생색을 내려고 하는 사람은 자신의 바람을 솔직하게 말할 수 없으며 바람 그 자체가 모순되어 있다.

늘 고민에 사로잡혀 있는 사람은 성인이 되어서도 '자신이 무엇을 바라고 있는지'를 모른다. 사람을 조종하다 보면 마지막에는 '어떻게 해야 좋을지 알 수 없는' 상태에 놓이게 되고, 결국 "나는 더 이상 방법이 없어." 하고 혼자 고민에 빠진다. 그런 상태에서도 "도와줘!" 하고 솔직하게 말하지 못하는 것이다.

그는 줄곧 자신의 마음과 정면으로 상대하는 상황을 회피하면서 살아왔다. 자신의 마음에 대한 현실 부인이다.

오스트리아의 정신과 의사 알프레드 아들러Alfred Adler는, "비관주의는 교묘하게 위장된 공격성이다."라고 말했는데, 멋진 통찰이라고 생각한다.[8] 지금까지 설명한 대로 비관주의는 공격성을 가진 애정 욕구이기 때문이다.

육체에 채워진 수갑은 눈에 보인다. 그래서 사람들은 '그 사람에게 수갑이 채워질 때에 어떤 감정이었을지'를 이해한다.

"딸에게 수갑이 채워지는 모습을 보았던 것이 내 인생에서 가장 고통스러운 일이었다."라고 말하는 부모가 있다. 그런데 사실 마음에 수갑이 채워지는 것은 그보다 훨씬 괴로운 일이다. 그런데도 부모가 아이들의 마음에 수갑을 채울 때에는 아무도 "불쌍해." 하면서 동정하지 않는다.

우울증에 걸린 사람은 마음에 수갑이 채워져 있다.

딸의 손목에 수갑이 채워지는 모습을 본 것이 가장 괴로웠다고 말한 부모는 자신이 딸의 마음에 수갑을 채웠다는 사실은 깨닫지 못한다. 이들의 딸은 약물중독이다.

진정한 자신감은 부모로부터의 자립을 통해서 탄생한다. 부나 명성을 통해서가 아니다. 어떤 훈장으로도 자신감을 얻을 수는 없다. 자신감은 생산적으로 살아야 얻을 수 있는 것이다.

강박적으로 명성을 추구하는 사람은 이 사실을 이해하지 못한다. 현실 부인이나 반동형성反動形成: 어떤 요구나 행동이 억압당할 때 그와는 정반대의 경향을 나타내는 일 방식을 이용하여 아무리 자신을 위장한다고 해도 마음속에 존재하는 진정한 자신은 스스로가 어떤 존재인지 잘 알고 있다.

무슨 말을 하더라도 무의식에서는 "나도 거짓이고 상대도 거짓이다."라는 사실을 알고 있다. 그렇기 때문에 최종적으로는 의식과 무의식이 충돌을 일으켜 뭐가 뭔지 알 수 없는 상황에 빠진다. 그 결과 마음속으로는 상대는 물론이고 자기 자신도 믿지 못한다.

사람은 자신이 경험한 감정을 의식하면서 살아가는 것이 아니라 어린 시절부터 허락된 감정을 의식하면서 성장한다.

커뮤니케이션 능력이
무너지고 고립된다

커뮤니케이션 능력이 없으면 다른 사람들로부터 인정을 받을 수 없을 뿐 아니라 호감을 얻을 수도 없다.

부모가 아이에게 보여주는 비언어적 메시지와 언어적 메시지가 모순되는 경우가 있다. 가령, 기분 나쁜 표정을 지은 채로 "괜찮아."라고 말한다. 입으로는 "네 마음대로 해."라고 말하는데, 얼굴을 보면 불쾌한 표정을 짓고 있다. 이런 식으로 부모가 발신하는 메시지가 항상 모순되어 있으면 아이의 커뮤니케이션 능력이 무너진다.

비언어적 메시지와 언어적 메시지의 차이를 이해하는 것이 바로 커뮤니케이션 능력이다.

똑같이 진지하게 말하는 것처럼 보여도 얼굴 표정이나 음색 등 비언어적 메시지를 통하여 농담이 섞인 말인지 아닌지를 이해할 수 있다.

일상생활의 대화에서는 이런 일이 자주 발생한다. 이때 커뮤니케이션 능력이 없는 사람은 언어에만 반응한다. 그럴 경우, 주변 사람들은 그의 반응에 놀라게 되고, 주변 사람들의 그런 태도는 그 사람을 더욱 불쾌하게 만든다.

커뮤니케이션 능력이 없는 사람은 다른 사람으로부터 자신의 반응을 인정받고 싶어 한다. "정말 친절하네. 고마워.", "너는 좋은 사람이야."라는 말을 듣고 싶어 한다.

또 이들은 상대방이 가벼운 마음으로 하는 말을 지나치게 진지하게 받아들이기 때문에 주변 세상과 점차 멀어진다. 하지만 정작 본인은 왜 자신이 그들과 멀어지는 것인지 이해하지 못하고 주변 세상에 분노를 느낀다. 그리고 몹시 불쾌하게 생각한다.

언어적 메시지와 비언어적 메시지가 모순되는 경우, 진실은 비언어적 메시지에 있다. 일상생활에서의 대화는 그 진실 쪽으로 흘러간다. 그러나 커뮤니케이션 능력이 없는 사람은 언어적 메시지를 기준으로 움직이기 때문에 주변 사람들과 멀어지는 결과를 얻을 수밖에 없다.

그런데 그것이 불쾌하고 화가 나는 것이다. 가벼운 말이니까 흘려들으면 되는데 그 말에 민감하게 반응하기 때문에 흘려듣지 못한다. 그리고 주변 세상과 크고 작은 문제를 일으킨다.

커뮤니케이션 능력이 없어 고립이 되었다면, 자신의 커뮤니케이션 능력이 부족하다는 사실을 인정해야 한다. 그래야 심리적으로 성장할 수 있다.

하지만 그들에게는 자신의 마음이 전달되지 않을 때에 "왜 그럴까?" 하고 생각하는 것 자체가 쉽지 않은 일이다.

주변 사람에 대해 화가 났을 때에 '자신의 커뮤니케이션 능력이 부족하다는 사실을 인정하는 것'은 그들에게는 지옥과 같은 고통일 수 있다.

그러나 이 지옥을 통과하지 않으면 천국에는 갈 수 없다.

착한 아이가 되라는
강요를 받았다

우울증이 있는 사람은 노력하면 할 수 있는데도 아무것도 하지 않는다. 보통 사람들이 이해하기 어려운 측면이다.

그들에게는 일단 어머니다운 존재가 필요하다. 따뜻한 말을 건네주는 어머니로부터 강제로 떨어지게 된 갓난아기는 어떻게 될까? 소리 지르며 울기만 할 뿐 아무것도 하지 않는다. 충분히 할 수 있는 것도 하지 않는다.

노력하면 할 수 있는데도 하지 않는 것은 성인이 되어도 마찬가지다. 그것을 하면 곤란한 상황을 벗어나 행복해질 수 있다. 그 사람에게는 그럴 수 있는 능력도 있다. 하지만 하지 않는다.

가만히 앉아서 떠먹여 주기를 바랄 뿐이다. 자신이 먹겠다는,

직접 먹으려는 의욕이 없다. 이것은 애정을 원했지만 받지 못했기 때문에 발생하는 현상이다. 그에게 주어진 것은 그가 원하지 않는 '애정이라는 이름의 간섭'뿐이었다.

우울증 환자는 그때그때의 심리적 과제를 바람직하게 해결하지 못한 상태에서 무조건 '착한 아이'가 되라는 강요만 받으며 성장했다. 그래서 어른이 된 후에도 계속 수동형이다. 맞서지 않는다. 지금까지 자신의 약점을 마음 편히 드러낼 수 있는 장소나 환경이 없었다. 주위로부터 진정한 자신이 아니라 주위가 원하는 사람이 되라는 강요를 받으며 자랐기 때문이다.

도와주겠지, 생각해 주겠지, 해주겠지, 선생님이 가르쳐주겠지…. 이들은 스스로 '배우려' 하지 않는다.

일단 자신이 수동적인 사람이 된 원인을 의식하고, 해명하고, 그것을 뛰어넘으려는 노력을 기울여야 한다. "왜?"라고 생각하는 태도가 행복과 연결되는 이유는 그것이 현실과 맞서는 행위이기 때문이다.

현실을 부인하는 사람에게는 "왜?"가 없다. 설사 "왜?"라는 생각으로 일단 현실과 맞선다 해도 거기에서 다시 타인에게 책임을 전가하는 식으로 결국 도피해 버린다. 또는 자신을 책망함으로써 단순히 멋진 모습을 연출하려 하는 태도를 보인다. "왜?"라고 생각을 하면서도 다시 옆길로 빠지는 것이다.

수동적인 사람으로 자란 자신을 절대로 책망해서는 안 된다. 이유가 있기 때문에 수동적인 사람이 되었을 뿐이다.

무기력이 가면을 쓰고 등장하는 것이 자책이다. 사람은 의욕이 없다는 사실을 감추기 위해 자신을 책망한다. 자신을 책망하면 노력하지 않아도 멋진 사람이 된 듯한 느낌이 들기 때문이다.

운에 의존할수록
스트레스가 더 많다

길을 잘못 선택했다. 또는 자동차를 운전하는데 길이 막힌다. 이것은 운이다. 그러나 이것을 어느 정도로 억울하게 생각하는가, 또는 어느 정도로 고민하는가 하는 것은 사람에 따라 다르다.

항상 운이 좋아야 한다고 생각하는 사람은 계속 고민에 사로잡혀 생활한다. "나는 운이 좋아."라는 것이 신경증적 요구인 경우, 일상적인 상황에서도 지나칠 정도로 억울해하고 원망하고 고민한다. 극심한 스트레스를 받는다. 같은 상황에서도 신경증적 요구가 강한 사람 쪽이 스트레스를 더 많이 받기 때문에 위궤양 등의 질병에 걸리기 쉽다.

예를 들어 자동차를 운전할 때 어느 차선을 선택하느냐에 따라 흐름이 다를 수 있다. 그때 흐름이 늦은 차선을 달리고 있다면 어떨까? 특별히 신경 쓰지 않는 사람도 있고, "저 차선을 이용했어야 해!" 하고 억울해하고 원망하는 사람이 있다. 두 사람은 똑같이 자동차를 운전하고 있지만 스트레스를 받는 정도가 다른 것이다.

자신은 운이 좋아야 한다고 생각하는 사람일수록 억울함은 더 크다. 즉, 신경증적 요구가 강한 사람일수록 일상생활에서 스트레스를 더 많이 받는다.

운에 의해 결정되는 문제에 대해서 '포기가 빠른 사람'이라는 말을 듣는 사람은 심리적으로 건강한 사람이다. 이들은 스트레스를 거의 받지 않는다.

반면, 과거의 일에 계속 얽매여 있는 사람은 신경증적 요구가 강한 사람이다. 그들은 지나간 일, 이미 발생한 일을 되돌릴 수 없다는 것을 알면서도 반복적으로 생각하고 또 생각한다.

신경증적 요구가 강한 사람은 그런 사람으로 자랄 수밖에 없었던 이유가 있다. 따라서 억울해하거나 자기부정을 하기보다는 자신을 올바르게 이해하고 삶의 방향을 개선해야 한다.

비현실적일수록
이상이 높다

자신에 대해 절망적으로 생각하는 사람이 있다고 하자. 그는 그 반동형성에 의해 비현실적인 문제일수록 자신에게 높은 기대를 걸게 된다. 그 결과 사소한 실패를 대단한 실패로 받아들이고 좌절한다. 또 실패했다는 사실을 지나치게 비참한 결과를 얻었다고 확대해석하여 자기 연민에 빠지는 사람도 있다.

이들은 이상적인 자아가 상처를 입으면 학대당했다고 받아들인다.[9] 문제는 객관적인 사실로서 학대당하고 있는 것이 아니라, '자기 소멸형自己消滅型'에 해당하는 사람이 본인의 주관적인 판단에 의해 학대당했다고 느낀다는 점이다.

신경증적 경향이 강한 사람, 우울증 환자 등은 이상적인 자아를 실현시키지 못하면 원하는 사랑을 얻을 수 없다고 믿는다.

달리기를 못하는 것은 노래를 못하는 것이 아니다. 수학을 못하는 것은 운동을 못하는 것이 아니다. 육아를 못하는 것은 어학을 못하는 것이 아니다. 하지만 그들은 연인과 약간만 문제가 발생해도 자신은 모든 사람들과 원만하게 지내지 못하는 인간이라고 받아들인다.

미국의 심리학자 마틴 셀리그먼Martin Seligman에 의하면, 사람은 한 가지를 못하면 다른 모든 것도 못한다고 생각하기 쉽다고 한다. 즉, 무엇인가 못하는 것이 있으면 그것을 할 수 없었다는 것에 중점을 두고 뇌내 검색을 하기 때문에 검색 결과는 이전에 다른 문제를 처리하지 못했을 때에 느꼈던 절망감으로 출력된다.

따라서 자신에 대해 절망적으로 생각하는 사람은 한 번쯤 '누군가가 진지하게 자신의 행복을 지지해 준 적이 있는지' 생각해 보아야 한다. 그럴 경우 스무 살이 될 때까지 아무도 진지하게 그의 행복을 지지해 준 적이 없었다는 사실을 깨닫게 될 것이다.

기대를 받은 적은 있지만 그것 역시 기대한 사람의 행복을 위해서였을 것이다. 있는 그대로의 자신이 아니라 주위에서 원하는 자신이 되라는 기대를 받았던 것이다. 때로는 비현실적일 정도로 높은 기대를 받았을 수도 있다. 그래서 '실제의 자신'이 아닌 '거짓 자신'으로 살면서 계속 고민해 왔다.

비현실적일 정도로 높은 기대를 거는 사람은 상대방의 행복을 전혀 생각하지 않는다. 그렇기 때문에 상대방의 현실을 무시한다. 또 기대를 거는 쪽은 상대를 좋아하지 않는다. 좋아한다면 상대방의 현실을 세밀하게 들여다보고 있는 그대로 인정할 것이다.

아이를 좋아하는 사람은 아이가 원하는 것이 무엇인지를 안다. 그리고 아이의 적성과 아이의 능력을 생각해서 아이에게 어울리는 기대를 건다. 아이를 좋아하는 사람은 아이의 현실을 보고 있기 때문에 아이를 비판하기보다는 격려한다.

그러나 비현실적일 정도로 높은 기대의 대상이 되었던 사람은 상대로부터 사랑을 받지도 못했을 뿐 아니라 '현실적인 자신'을 철저하게 무시당하면서 자랐다. 결국 상대로부터 미움을 받고 있었던 것이다.

그들은 상대로부터 적대감이 깃든 공격을 간접적으로 줄곧 받으며 성장했다. 그리고 그런 상대로부터 사랑을 받기 위해 자기 자신을 단념해버렸다. 상대의 기대에 부응하기 위해, 있는 그대로의 자신이 아닌 주위에서 원하는 자신이 되기 위해 필사적으로 무리한 노력을 했던 것이다.

2장

고민을 하는 것이 더 편하다

고민하는 것이 삶이며 고민하는 것이
가장 크고 유일한 구원이다.
따라서 고민하지 않으면
자신이 살아 있다는 사실을 실감하지 못한다.

무의식중에
참는 것을 즐긴다

고민에 사로잡혀 있는 사람의 고민들을 들여다보면 '왜 고민을 하는 것'인지 이해하기 어려운 경우가 많다. 이들은 의식적으로는 "나는 참고 있는 거야."라고 생각하지만 무의식적으로는 그것을 즐긴다.

무의식의 기쁨이 의식의 불행을 쥐고 있는 것이다. 그렇지 않으면 남편 때문에 고민에 빠져 있는 여성이 도저히 정상이라고 볼 수 없는 남편을 참아내고 함께 살아갈 이유가 없다. 이 여성은 수십 년 동안 남편 때문에 고민에 사로잡혔다. 그녀는 훨씬 빨리, 확실하게 위자료를 받고 남편과 헤어질 수 있었다. 그런데 헤어지지 않고 함께 살면서 자신의 불행과 불쌍함을 내세운다. 그 이유는 성장에 대한 에너지가 없기 때문이다. 성장하기 위한 노력이 어렵기 때문이다. 불행과 불쌍함을 내세우는 이유는 퇴행 욕구를 충족시키기 위해서지 성장 욕구를 충족시키기 위해서가 아닌 것이다. 예를 들어, 사람은 누구나 "나는 기쁘다."라고 말하는 밝고 긍정적인 사람에게 호감을 느낀다. 하지만 신경증 환자는 호감을 얻기 위해 미움을 사는 행동을 한다. '기쁘다'고 말하면 동정을 받을 수 없다고 생각하기 때문이다. '기쁘다'고 말하면 감추어져 있는 증오를 내뱉을 수 없기 때문이다.

고민에 사로잡혀 있는 사람이 충족시키려 하는 것은 유아기의 욕구다. 그런데 '기쁘다'고 말해서는 그 욕구를 충족시키기 어렵기 때문에 불행을 내세우는 것이다.

분노와 증오가
내면 깊은 곳에 자리해 있다

나는 젊은 시절에 "고민은 아무런 도움도 되지 않는다."는 내용의 글을 쓴 적이 있다. 마음속으로 그렇게 생각하고 있었다. 하지만 그런 나 역시 고민을 하는 쪽이었다. 내가 고민하지 않는 사람이었다면 굳이 그런 글을 쓰지 않았을 것이다.

젊은 시절 고민에 빠져 있었을 때, 나는 내 마음속에 강렬한 분노와 증오가 존재한다는 사실을 깨닫지 못했다. 아니, 그런 생각조차 해보지 않았다.

그러나 나이를 먹은 뒤에 젊은 시절을 되돌아보니 상상 이상으로 강렬한 분노와 증오와 공포심이 마음속에 존재했다는 사실을 알 수 있었다. 말 그대로 '상상을 초월하는' 엄청난 분노와 공포심이었다.

그 상상을 초월하는 분노를 무의식으로 밀어내고 "고민하지 말자."고 스스로를 타일러도 아무런 효과가 없었다.

고민을 하는 데에는 나름대로 이유가 있다. 자신의 내부에 근본적으로 억울한 감정이 존재하기 때문이다. 물론 본인은 그 사실을 깨닫지 못한다.

원래 응석을 부리고 싶어도 부릴 수 없는 심리적 갈등이 있었다. 무의식의 영역에서는 응석을 부리고 싶다고 원한다. 그러나 그것은 이루어지지 않는 바람이었다.

원래 현재의 상황과 관계없이 마음속으로는 고민에 잠겨 있었다. 그 고민을 '의식적으로 체험하지 않았을 뿐'이다.

상사와 인사를 제대로 나눌 수 없다, 어떤 음식을 먹고 배탈이 났다, 구입한 주식의 가격이 떨어졌다, 시험 성적이 나빴다, 지갑을 잃어버렸다, 연인에게 마음을 제대로 전하지 못했다… 일상생활에는 작은 실패들이 수없이 존재한다. 우리는 그런 실패들을 반복적으로 되뇌면서 끝없이 고민을 한다.

진짜 문제는 상사와 인사를 제대로 나눌 수 없었던 것도 아니고, 성적이 나빴던 것도 아니며, 음식을 먹고 배탈이 났던 것도 아니다.

배탈이 나서 "그것만 먹지 않았다면…." 하고 끙끙거리며 고민을 하지만 고민의 진정한 원인은 그 음식을 먹은 것에 있지 않다. 만약 그 음식을 먹은 것이 고민의 진정한 원인이라면 "고민한다고 해도 아무런 도움이 되지 않아." 하고 가볍게 털어냄으로써 얼마든지 해결할 수 있다.

그렇게 하지 못하는 이유는 다른 곳에 원인이 존재하기 때문이다. 즉, 감추어져 있는 진정한 원인은 응석을 부리고 싶어도 부릴 수 없는 마음의 갈등이다. 충족되지 않는 퇴행 욕구다. 자아의 가치가 상처를 받은 것에 대한 후회. 그렇기 때문에 "고민한다고 해도 아무런 도움이 되지 않아."라고 생각하며 "고민하지 말자." 라고 마음을 먹어도 다시 고민에 빠진다.

고민을 해도 해결되지 않는다는 사실을 잘 알고 있으면서도 고민에 사로잡힌 자신을 어떻게 해야 좋을지 그 방법을 모른다. 그 모든 원인은 그가 충족되지 않은 욕구와 감추어져 있는 분노에 의해 움직이고 있다는 데에 있다. 무의식의 욕구에 휘둘리고 있기 때문이다.

유아로 돌아가
응석을 부리고 싶어 한다

감기 하나로 소동을 피우는 사람이 있고 암이라는 말을 듣고도 냉정함을 유지하는 사람도 있다.

어떤 일을 현미경으로 들여다보고 확대해석하는 사람이 있고, 현실적으로 냉정하게 바라보는 사람도 있다. "아이가 학교에 가지 않아요."라며 심각하게 걱정하는 부모가 있고, 현실적으로 대처하며 문제를 해결하는 부모도 있다.

고민에 사로잡혀 있는 사람에게는 자신이 상상하는 것 이상으로 분노가 축적되어 있다. 상상할 수 없을 정도의 강렬한 분노다. 그리고 스스로는 깨닫지 못하지만 자신감도 없다.

우울증이 있는 사람은 응석을 부리고 싶어 한다. 앞에서 설명

한 것과 마찬가지로 우울증이 발생하는 특징적 동기는 퇴행적 성질이다.[10]

우물거리며 말하는 것은 응석을 부리고 싶다는 뜻이다. "나는 괴로워!", "나는 힘들어!"라고 말하며 응석을 부리는 것이다.

응석을 부리는 아이는 "머리 아파.", "찌르는 것처럼 아파."라고 말한다. 우울증 환자가 "나는 괴로워!", "나는 힘들어!"라고 소란을 피울 때에는 응석을 부리는 유아로 돌아가 있는 상태다.

강박관념 때문에 고민하는 사람은 자신에게 어느 부분이 충족되지 않은 상태인지 스스로 되돌아보아야 한다. "해보자!" 하고 마음먹어도 할 수 없다. "하지 말자!"고 생각해도 하지 않고는 견디지 못한다. 그런 강박관념 때문에 고민하고 있을 때에는 "하지 말자!"고 생각하는 것보다 먼저 "나의 무엇이 충족되어 있지 않은 것일까?" 하고 되돌아보는 것이 도움이 된다.

만약 지금 지옥에 있다고 해도 그 지옥은 마음속의 문제일 경우가 많다. 지옥에는 마음의 지옥과 현실의 지옥 두 가지가 있다. 마음이 원인이 되어 작용하는 지옥을 현실이 초래한 지옥이라고 생각하면 안 된다. 현실의 지옥과 마음의 지옥은 대응 방법이 다르다.

전쟁이나 자연재해는 현실의 지옥이다. 우울증이나 자살은 마음의 지옥이 불러온 결과다. 현실의 지옥과 마음의 지옥은 다르다는 사실을 확실하게 가슴에 새겨두어야 한다.

주변에 많은 지인들이 있으며 건강한 모습으로 넓은 저택에 살고 있으면서도 자살을 하는 사람이 있다. '지인'이라고 표현했지만 꼭 마음이 맞는 사람들은 아니다. 자살한 사람의 말을 빌리면 '내가 자랑스럽게 생각하는 멋진 지인들'이겠지만. 중요한 점은 현실의 지옥과 마음의 지옥은 다르다는 것이다.

고민에 사로잡혀 있는 사람에게 구체적인 해결 방법을 제시하면 기분 나쁘게 생각한다. 그들이 원하는 것은 구체적인 해결 방법이 아니기 때문이다. 해결 방법 따위는 굳이 다른 사람에게 듣지 않아도 본인이 이미 잘 알고 있다.

그들은 고민하는 행위, 한숨을 내쉬는 행위를 통하여 분노를 간접적으로 표현하고 있는 것이다. 즉, 고민을 하는 행위를 통하여 감추어져 있던 적대감을 표현하는 것이다. 따라서 그들의 입장에서 보면 고민을 한다는 행위는 매우 기분 좋은 일이다.

고민을 하는 편이
심리적으로 편안하다

왜 쓸데없는 고민을 계속할까? 문제를 해결하기 위해 적극적으로 노력하는 것보다 문제를 고민하는 쪽이 심리적으로 훨씬 편하기 때문이다.

문제를 해결하려면 자발성, 능동성이 필요하다. 그러나 문제를 고민하는 데에는 자발성, 능동성은 필요 없다. 무엇보다 고민을 하는 행위를 통하여 퇴행 욕구가 충족된다.

문제를 해결하겠다는 적극적인 태도는 성장을 하겠다는 태도다. 그런데 행동할 때에는 퇴행 욕구에 의해 움직이는 쪽이 심리적으로는 훨씬 편하다.

그렇기 때문에 생산적이지 않은 고민을 계속한다. 해결할 수 있는 방법이 없지는 않다. 그러나 퇴행 욕구를 따라 고민을 하는 쪽이 훨씬 편하다.

고민에 사로잡혀 있는 사람은 대부분 퇴행 욕구를 따르기 때문에 대처 능력이 없다. 현재 발생한 문제에 얼마든지 대처할 수 있고 해결할 수 있다. 그런데도 고민만 하고 대처는 하지 않는다. 연인이나 친구가 "이런 식으로 대처하면 좋아질 거야."라는 제안을 해주는 것조차 불쾌하게 느낀다. 고민하는 행위를 통하여 퇴행 욕구를 충족시키고 있기 때문이다.

그들 자신이 '고민을 해도 아무런 해결이 되지 않는다'는 사실을 이미 잘 알고 있다. 그러나 그 고민을 하는 행위를 통하여 심리적 편안함을 느낀다. 물론, 고민에 사로잡힌 사람이 그 사실을 의식하고 있는 것은 아니다.

따라서 성장 욕구를 바탕으로 행동하는 사람의 입장에서는 고민에 빠져 있는 사람의 마음을 좀처럼 이해하기 어려울 것이다. 심리적으로 건강한 사람이 우울증 환자를 이해하기 어려운 이유는 여기에 있다. 우울증의 두드러진 특징적 동기는 퇴행적 성질이다.[11]

우울증에 걸리면 퇴행 욕구나 의존성 문제가 매우 심각해진다. 미국의 정신과 의사 아론 벡Aaron Beck은 우울증 환자의 특징적 동기로 자살 갈망과 그와 함께 증대하는 의존성[12]을 들었다. 이

때의 의존성은 스스로 자신의 문제를 해결할 수 없다고 느끼기 때문에 더 증대되는 것이라고 한다.

"대부분의 우울증 환자들은 자신을 돌보아주고 자신의 문제를 해결할 수 있도록 도와주는 사람이 나타나기를 강렬하게 바라고 있다."[13]

이처럼 우울증 환자의 인식적 특징인 낮은 자기평가[14]와 특징적 동기인 의존성 증대는 깊은 관계가 있는 것이다.

고민에 사로잡힌 사람의 마음속에는 다양한 심리가 복합적으로 작용한다. 따라서 간단히 고민에서 벗어나거나 사고 전환을 하지 못한다.

물론 고민을 하는 행위는 심리적으로 여러 가지 장점이 있다. 만약 낮은 자기평가를 뛰어넘을 수 있다면 의존성도 해소할 수 있을 것이다.

우울증 환자의 치료에 반드시 필요한 일은 낮은 자기평가를 극복하는 것이다. 단, 그런 말을 직접 해주어도 그들은 스스로 자기평가를 높이기가 어렵다.

"괴로워!", "힘들어!"라고 호소하면서 그런 상황을 극복하기 위해 적극적으로 행동하지 않는 사람의 마음속에도 역시 낮은 자기평가와 의존성 증대가 존재한다.

'의존성 증대'란 퇴행 갈망이나 퇴행 욕구가 심해진다는 뜻이다. 따라서 "고민을 해도 아무런 해결이 되지 않는다."는 충고는 의미가 없다. 그를 더욱 불쾌한 기분으로 몰아갈 뿐이다.

그렇기 때문에 우선적으로는 늘 고민에 사로잡혀 있는 사람이 왜 고민을 하는 것인지 그 심리를 이해해야 한다.

퇴행을 동기 삼아 어떤 행동을 한 사람이 원래의 목적을 달성하지 못하고 방해를 받을 경우 그는 깊은 상처를 입는다. 아이가 무엇인가를 했을 때에 부모는 지나칠 정도로 칭찬을 한다. 그래서 아이는 또 그런 칭찬을 듣기 위해 기대감을 안고 어떤 행동을 했다. 하지만 이번에는 칭찬을 해주지 않는다. 그럴 경우 아이는 깊은 상처를 입는다.

성장 동기를 가지고 있는가, 퇴행 동기를 가지고 있는가에 따라 같은 일이 다르게도 보인다. 육아의 고통이나 부담 또한 부모가 성장 동기로 아이를 보살피는가, 퇴행 동기로 보살피는가에 따라 전혀 달라진다.

아론 벡은 적극적인 동기의 결여는 우울증의 두드러진 특징이라고 말한다.[15] 사소한 장애인가, 아니면 커다란 장애인가 하는 것은 그 사람의 동기에 따라 달라진다.

성장 동기를 바탕으로 상대를 친절하게 대한 사람과 결핍 동기를 바탕으로 친절하게 대한 사람은 상대가 감사를 하지 않았을 때 심리적 반응이 다르게 나타난다. 성장 동기를 바탕으로 친

절하게 대한 사람은 감사를 받지 않아도 불만으로 생각하지 않
지만 결핍 동기를 바탕으로 친절하게 대한 사람은 감사를 받지
않으면 불만을 품는다.

한마디로 말해서 성장 동기를 바탕으로 움직이면 고통은 줄어
든다. 자신이 바뀌면 고민을 반복하는 질병 또한 나을 수 있다.

고민이 버팀목이라서
해결이 되면 안 된다

충고는 항상 '현실의 고통'을 해결하기 위한 것이다. 그러나 고민에 사로잡혀 있는 사람은 현실의 고통을 호소하고 있는 것이 아니라 '마음의 고통'을 호소하고 있는 것이다.

현실의 고통 따위는 아무런 관계가 없다. 해결을 바라는 것도 아니다. 고통을 과장해서 고민하는 행위 자체가 기분이 좋은 것이다.

고민에 빠져 있는 사람이 "나는 지금 이렇게 힘들어."라고 고통을 호소하는 행위는 마음속에 존재하는 감정의 간접적 표현이다. 그렇기 때문에 구체적인 해결 방법을 제시하는 것은 감정을 표현할 수 있는 상황을 빼앗는 결과를 낳는다.

고민에 빠져 있는 사람은 상대방이 단순히 들어주거나 "그렇게 힘든데도… 정말 대단하다."라는 말을 해주기를 바랄 뿐이다. 즉, "대단하다."는 칭찬을 바라는 것이지 구체적인 해결 방법을 찾고 있는 것이 아니다. 예를 들어, 남편이 집에서 고민을 하고 있을 때에도 특별히 아내에게 충고를 바라는 것이 아니다.

고민이 있다고 상담을 하러 오는 사람 중에 정말로 상담을 하기 위해 찾아오는 사람은 거의 없다. 그들은 충고를 원하지 않는다. 충고를 원하는 척하고 있을 뿐이다.

"이 고민을 해결할 수 있도록 협력해 주세요."라고 말하는 것이 아니다. 그런데 충고를 해주는 사람은 그 부분을 착각한다.

그렇기 때문에 퇴행 욕구를 바탕으로 살고 있는 사람과 성장 욕구를 바탕으로 살고 있는 사람이 만나면 문제가 발생할 가능성이 높다. 그런 상황에서 해결 방법을 충고해 준다는 것은 감정을 해소할 수 있는 출구를 막아버리는 것과 같다.

어쨌든 고민에 사로잡혀 있는 사람은 문제에 대한 적극적인 해결책을 듣게 되면 도리어 화를 낸다. 상대가 "이런 식으로 도와드리겠습니다."라며 도움을 주겠다는 자세를 취해도 반기지 않는다. 도움을 받아 해결이 된다면 지금 고민하고 있는 의미가 사라지기 때문이다.

고민에 사로잡혀 있는 사람은 나름대로 열심히 노력했다. 그

'노력했다'는 부분을 인정받고 싶어 한다. 그때 "이렇게 하면 좀 더 좋아질 것입니다."라는 충고는 분노를 부추길 뿐이고 상태를 악화시킬 뿐이다.

그런 충고를 받으면 "이 사람은 나를 이해해 주지 않아." 하며 상대를 원망한다. 그들에게는 "정말 대단합니다."라는 말은 치유가 되지만 "이렇게 해보십시오."라는 말은 분노만 낳는다.

비관적 사고를 늘어놓는 것 자체가 감정 표현이기 때문에 "그런 건 아무 의미가 없으니까 그만둬."라는 말을 들어도 그만두지 않는다. 아니, 오히려 그런 말을 듣는 것을 불쾌하게 생각한다. 자신의 감정 표현을 부정당했을 때 불쾌하게 생각하는 것과 마찬가지다.

"아무리 고민해도 사태는 바뀌지 않아."라는 올바른 충고는 오히려 그를 화나게 만든다. 그는 그 분노를 직접적으로는 표현할 수 없기 때문에 간접적으로 표현한다. 즉, 올바른 충고를 들은 뒤에 불쾌감을 느끼고 더욱 우울해지는 것이다. 그리고 다시 고민에 빠진다.

충고를 들은 그의 기분은, 눈 위에 내팽개쳐져 추위에 몸을 떨고 있는데 놀림까지 당한 듯한 그런 기분이다.

격려해 주는 사람이 아무도 없었기 때문에 인간관계를 어떻게 형성해야 하는지 모른다. 인간관계를 통한 삶을 전혀 이해하지 못하는 것이다.

고민에 **빠져** 있는 사람은 살아가는 방식을 잊어버린 사람이다. 고민은 dead end, 막다른 길이다. 제 기능을 하지 못한 가족은 그에게 무력감을 주었다.[16] 그는 가족이라는 말은 알고 있지만 실제로 제 기능을 하는 가족을 직접 체험한 적은 없다. 그렇기 때문에 심리적으로 성장하지 못했다.

있는 그대로의 자신을 인정받고 성장할 수 있도록 격려를 받아본 적이 없다. 아무도 자신을 든든하게 지켜주지 않았다. 달콤하다는 말은 알고 있지만 달콤한 음식을 먹어본 적이 없는 사람과 마찬가지다.

그는 문제를 해결할 의지가 전혀 없기 때문에 단순히 불만을 표출할 뿐이다. 그는 현재가 아닌 과거를 살고 있다. 현재를 살아갈 수 없다. 과거 어느 시기에 삶이 멈추었다. 아직 과거를 청산하지 못했다.

따라서 주변인들이 "정말 힘들겠다." 하고 동정하며 주목해 주기를 바란다. 동정으로는 해결되지 않는다는 사실을 잘 알고 있으면서도 동정을 바란다. 퇴행 욕구는 그런 것이다.

문제를 해결할 의지 따위는 없고 늘 불평을 할 뿐이다. 상대의 말을 들으려는 의지가 없고 솔직하지도 못하다.

앞에서 언급했듯 고민에 사로잡혀 있는 사람은 어린 시절 주변 사람들에 의해 성장할 수 있는 능력을 빼앗겼다. 하고 싶은 말도 할 수 없었다. 단지 인내를 거듭하며 살아왔을 뿐이다. 스스로가 자신의 감추어진 적대감이나 감추어진 증오를 깨닫고 그에 대한 적절한 조치를 생각해 내는 것 이외에 고민을 해결할 방법은 없었다.

사랑받고 싶은 욕구 이면에
증오심이 있다

우울증에 걸린 사람은 "이제 방법이 없어."라고 말하면서 주변 사람들로부터 동정이나 주목을 받기를 바란다. 사람들로 하여금 자신의 고통을 주목하게 만들어서 애정을 얻으려는 신경증적 애정 욕구이기도 하다. 우울증이 있는 사람이 불행을 과시하는 행동도 증오의 간접적 표현이며 애정 욕구다.

애정 욕구가 심해지면 부정적 사고로 이어진다. 부정적 사고는 애정 욕구가 낳은 결과라고 할 수 있다.

'주목받고 싶다', '위로받고 싶다', '동정받고 싶다', '사랑받고 싶다' 등 괴로운 마음을 호소하는 것은 "좀 더 사랑해 줘. 나를 좀 봐줘."라는 호소와 같다.

우울증 환자의 부정적 사고는 적대감의 표출임과 동시에 애정 욕구의 표출이기 때문에 "부정적 사고를 하지 마십시오."라고 말해도 좀처럼 자신을 바꾸지 못한다.

프롬 라이히만에 의하면 우울증 환자는 사랑을 갈구한다. 바꿔 말하면 우울증 환자는 증오를 가지고 있다고도 해석할 수 있다.

이들은 성인이 되어서도 어린아이 때 받았어야 할 사랑을 받길 원하지만 그런 사랑은 얻을 수 없다. 바라는 것을 얻을 수 없으니 그로 인해 상처를 입고 증오를 품는다.

애정 결핍이 강한 우울증 환자는 사랑받는 것과 동시에 인정도 받고 싶어 한다. 하지만 바라면 바랄수록 인정을 받지 못하기 때문에 상처를 입게 되고, 그 상처받은 것을 표현할 수 없기 때문에 다시 우울해한다. 이들은 다른 사람의 말에 쉽게 상처를 받지만 불쾌함을 직접적으로 표현할 수는 없다. 그리고 이런 과정이 되풀이된다. 매일매일 작은 불쾌함이 중첩되면서 삶이 괴로워지는 것이다.

우울증은 '인간관계 의존증'의 하나다. 그 사람이 싫지만 떠날 수 없다. 그것이 괴롭다. 하지만 어떻게 해볼 방법이 없다.

어린 시절부터 인간관계에서 기분이 좋았던 사람과 어린 시절부터 인간관계가 무서웠던 사람은 물리적으로 같은 세계에 살고 있어도 마음은 전혀 다른 세계에 살고 있다.

같은 말이라도 사람에 따라
의미가 달라진다

욕구불만이라는 말에는 전혀 다른 두 가지 의미가 있다.

'퇴행 욕구를 바탕으로 살아가는 사람'이 불만을 느끼는 경우와 '성장 욕구를 바탕으로 살아가는 사람'이 불만을 가지는 경우는 불만의 의미가 전혀 다르다. 퇴행 욕구를 바탕으로 살아가는 사람의 불만은 현재 발생하고 있는 상황에 대한 불만이 아니다. 그에게는 삶의 토대 자체가 불만이다.

성장 욕구를 바탕으로 살아가는 사람이 말하는 '곤란'과 퇴행 욕구를 바탕으로 살아가는 사람이 말하는 '곤란'은 전혀 다르다. 성장 욕구를 바탕으로 살아가는 사람이 말하는 곤란은 현실적인 곤란이다. 직장을 잃고 경제적으로 힘이 들 때, 큰 질병을 앓고 있을 때, 회사 경영이 힘들 때… 다양한 상황이 있겠지만 어디까지나 현실적인 곤란이다. 하지만 퇴행 욕구를 바탕으로 살아가는 사람이 말하는 곤란은 현실적인 곤란이 아니라 감정적인 곤란이다.

이렇듯 사람이 느끼는 '곤란'에는 두 가지가 있다. '현실적 곤란'과 '감정적 곤란'이 바로 그것이다. 우울증 환자가 느끼고 있는 곤란은 후자인 감정적 곤란이다. 〈들어가며〉에서도 언급했듯이 '감정적 곤란'은 프롬 라이히만이 말한 개념이다.[17]

지옥에도 현실의 지옥과 마음의 지옥이 있다. 우울증 환자의 경우, 현실이 천국이라고 해도 마음은 지옥이기에 극단적인 상황에서 자살까지 선택하는 것이다. 이것이 마음의 무서운 부분이다.

그래서 카렌 호나이도 "자기 멸시는 내면세계의 지옥"이라고 말했다.[18] 자기 멸시를 하고 있는 사람이 느끼는 곤란이 바로 우울증 환자들에게서 나타나는 감정적 곤란이다.

고민의 원인을
알 수 없다

"저는 18년 동안 남편 때문에 고통을 받아왔어요. 더 이상 참을 수 없어요. 이혼하겠어요."라고 말하면서도 왜 그런 남편을 견디며 사는지 타인의 입장에서는 이해할 수 없다.

"저는 일단 껍질 안에 틀어박히면 그 껍질에서 빠져나올 수가 없어요. 늘 긴장하고, 흠칫흠칫 놀라고, 삶 자체가 고통스럽게 느껴져요."

이렇게도 말한다. 오직 "괴롭다!"고 말만 할 뿐, 현실적인 이야기가 없는 것이 고민에 빠져 있는 사람의 특징이다. 기본적으로는 사랑받지 못하고 자랐다. 그래서 이유는 모르지만 왠지 사는 것이 괴롭다고 고민한다.

감정적 곤란 때문에 고통을 받고 있는 사람들은 주변 사람들에게 적대감을 가지면서도 사랑을 간절히 바란다. 그리고 자신의 슬픔을 호소하는 방식을 통하여 주변 사람들에게 다양한 요구를 한다. 감정적 곤란이란 적대감을 가진 사람이 사랑을 간절히 바랄 때에 맛보는 곤란이다.

고민에 사로잡혀 있는 사람의 메일이나 편지를 읽고 있으면 주변 사람들에 대한 험담이 많고, 그다음으로 자신의 훌륭함을 내세우며, 그 후에 일상이 '괴롭다'고 표현한다.

'일상이 전혀 즐겁지 않다', '이제 완전히 지쳤다', '죽고 싶다', '이제 질려버렸다' 등으로 자신의 불행을 절절하게 호소한다. 그러나 그런 말만 쭉 나열되어 있을 뿐, 구체적으로 무엇에 질렸다는 것인지, 무엇이 즐겁지 않다는 것인지 등에 관해서는 전혀 표현하지 않는다.

'더 이상 살아갈 수 없다', '죽고 싶다, 죽고 싶다'고 표현하지만 구체적으로 무엇이 그렇게 고통스러운 것인지는 말하지 않는다. 이것이 애정 결핍이다. 즉, 맛있는 사탕을 먹을 수 없다는 데에서 오는 고통이 아니라 "그 사람은 내게 사탕을 주지 않는다."는 데에서 오는 고통이다. 사랑받고 있다는 실감을 할 수 없기 때문에 느끼는 고통이다.

이것은 구체적으로 누군가로부터 공격을 당하고 있기 때문에 느끼는 고통이 아니라 자신의 마음속에 기생하는 불안 때문에 느끼는 고통이다. 육체적으로 어떤 사람에게 얻어맞았기 때문에 발생하는 고통이 아니라 자아의 가치가 상처를 입었기 때문에 발생하는 고통이다.

사탕을 먹을 수 없다는 데에서 오는 고통을 호소하는 사람에게 사탕을 주면 고통을 해결할 수 있다. 그러나 사탕을 먹을 수 없다고 고민하는 사람의 고통은 사탕을 주어도 해결되지 않는다.

고민에 사로잡혀 있는 사람으로부터 받은 메일이나 편지에 나름대로 구체적인 내용이 씌어 있는 경우에도 상황을 판단하기 어려운 것은 마찬가지다.

"동료의 배신 때문에 회사에서 해고당했어요. 재직 중에도 주변 사람들로부터 이런저런 말을 들었지만 이번처럼 우울해질 정도는 아니었어요. 이번에는 우울한 기분이 석 달 가까이 이어졌어요. 잠을 전혀 잘 수 없고 식욕도 없어요. 오직 죽고 싶다는 생각만 들어요."

하지만 무엇을 배신당한 것인지, 어떤 배신을 당한 것인지에 관해서는 씌어 있지 않다. 동료에게 배신을 당했다는 말뿐이다. 즉, '이번에는 왜 그렇게 되었는가' 하는 구체적인 내용은 씌어 있지 않은 것이다. 우울증과도 다른 양태를 보인다.

'끝까지 믿는다'는 말로
현실을 부인한다

헤겔에 의하면, 외화外化는 어떤 존재가 자기 안에 있는 것 또는 자기의 본질을 자기에게서 분리하여 스스로를 소외하고 객관화함으로써 자기에게 낯선 것, 자기에 대립되는 것으로 정립하는 것을 말한다. 이 심리는 현실 부인을 함유하고 있다.

남편에게 좋아하는 사람이 생겨서 남편이 집을 나가버렸다. 그때 아내는 "남편은 다시 돌아올 것이라고 믿어요."라고 말한다. 이것이 외화다. 마음속으로는 그녀도 남편이 돌아오지 않는다는 사실을 잘 알고 있다. 하지만 '돌아오지 않는다'는 현실을 부인하는 것이다.

남편으로부터 "좋아하는 사람이 생겼어. 이혼해 줘."라는 말을 들은 여성이 있다. 그러나 그녀는 남편에게 "다시 돌아올 것이라고 믿어."라고 말한다. 그리고 마지막으로 "끝까지 믿기로 했어."라고 말한다. 이 말은 '현실을 계속 부인하기로 정했다'는 뜻이다. 심리적으로 말하면, "나는 성장하지 않기로 결정했어."라는 의미와 같다.

결국 현실과 맞서는 것을 회피한 그녀는 평생 고민을 하고 한숨을 내쉬며 자신의 운명을 원망하면서 자신의 불행을 호소하고, 죽을 때까지 불행을 과시하면서 살아간다.

그녀의 입장에서 볼 때 앞으로의 인생은 고민뿐이다. 고민하는 것이 삶이며 고민하는 것이 가장 크고 유일한 구원이다. 따라서 고민하지 않으면 자신이 살아 있다는 사실을 실감하지 못한다. 이런 그녀에게 "고민하지 마라."고 말하는 것은 "죽어!"라고 말하는 것과 같다.

그렇기 때문에 무의식에 축적된 분노가 없는 사람의 입장에서 보면 "왜 누구에게나 발생할 수 있는 이런 사소한 문제를 가지고 저렇게까지 소란을 피우는 것일까?" 하는 의문이 든다. 보통 사람에게는 그 사람이 과장스럽게 고민을 하고 있는 것처럼 느껴진다. 그러나 고민에 사로잡혀 있는 사람은 결코 과장이라고 생각하지 않는다.

"고민하지 말아야지." 하고 생각해도 고민을 하지 않고는 살 수 없기 때문에 그것은 '고민 의존증'이다. 고민하는 것은 고통이고 자신에게 아무런 도움이 되지 않는다는 사실을 잘 알고 있으면서도 고민을 하지 않고는 견딜 수 없는 것, 그것이 고민 의존증이다.

고민 의존증에 걸린 사람은 고민하는 과정을 통하여 축적된 분노와 증오를 표현한다. 그렇기 때문에 스스로 고민을 만들어낸다. 고민이 없으면 억압된 증오를 표현할 방법이 없기 때문이다.

따라서 고민에 사로잡혀 있는 사람에게는 고민하는 순간이 구원이다. 고민하고 있을 때에 마음이 가장 편하다고 말할 수 있다. 고민하는 과정을 통하여 증오를 간접적으로 표현할 수 있기 때문이다.

이 고민 의존증이 한 단계 더 진화된 단계가 우울증이다. 고민과 '현실의 곤란'은 다르다. 고민은 신경증적 고통이다. 우울증은 현실의 곤란이 원인이 아니라 신경증적 고민이 원인이다.

적대감은 끝까지
감추어져 있다

감추어진 적대감은 말 그대로 감추어져 있는 것이다. 따라서 상대방에 대한 명확한 적대 의식은 없다. 즉, 일상이 '왠지 모르게 재미없는 것'이고 상대가 '왠지 모르게 불쾌한 것'이다.

본인 스스로도 원인을 알 수 없는 불쾌감이다. 그런 불쾌한 기분에 잠겨 있는 상태에서는 앞으로 나아갈 수 없다. 우울증 환자처럼 그 자리에 웅크리고 앉아 있는 수밖에 없으며, "어떻게 좀 해줘!" 하는 식의 수동적인 자세를 보인다.

이런 심리 상태에서는 곤란한 사태를 헤쳐나갈 수 없다. 곤란한 사태를 자신에 대한 도전으로 받아들이고 당당하게 맞서지 못한다. 감추어진 적대감이 존재하면 곤란한 사태를 적극적으로 처리하고자 하는 긍정적이고 능동적인 자세는 갖추기 어렵다.

공격성은 능동적인 성향을 가진다. (좋고 나쁜 점은 별개로 치고) 수동적인 자세로는 공격을 할 수 없다. 수동적인 상태에서 공격적인 성향을 띨 수 있는 것은 시기와 질투다. 이른바 수동적 공격성 Passive aggressive이라고 불리는 것들이다.

감추어진 적대감을 가지고 있는 사람에게는 일반적인 능동성을 기대할 수 없다. 하지만 역경을 견뎌내고 활기차게 살아가려면 능동성이 필요하다.

감추어진 적대감은 다른 사람과 친해지거나 대하는 자세에 직접적인 장애가 된다. 동시에 사태를 컨트롤하려 하거나 곤란한 사태를 자신에 대한 도전으로 받아들이는 데에도 장애로 작용한다.

능동성을 갖추기 위해서는 감추어진 적대감을 해소해야 한다. 마음의 문제는 대부분 악순환이 된다. 악순환에 빠져 있을 때에는 우선 자신에 대해서 올바르고 정확하게 분석해야 한다. 그것이 악순환을 단절하는 출발점이다.

비관주의자는 사랑을 바란다. 늘 고민에 빠져 있는 사람은 자신의 감정을 명확히 알 수 없다. 적대감을 가지고 있으면서도 애정 욕구가 존재하기 때문이다.

감추어진 적대감이 있는 사람은 강렬한 바람을 가질 수 없다. 적대감도 진짜이고 애정 욕구도 진짜이기 때문이다. 즉, 무엇을 해도 자신이 자신일 수 없다. 한마디로 자기 소외를 당한 사람이다. 이들은 정면으로 세상과 맞설 수 없다. "저 녀석을 쓰러뜨릴 거야."라고 말할 수 없기 때문에 "저 사람은 나쁜 사람이다."라는 말로 자신의 감정을 표현한다. 마음속으로는 세상에 적대감을 가지고 있지만 적대감의 배후에 애정 욕구가 존재하기 때문에 그것을 직접적으로 표현하지 못하는 것이다.

아들러는 '공격적 불안'이라는 말을 사용했다. 즉, '고민하고 있다', '걱정하고 있다'는 말에는 사실 공격성이 감추어져 있다는 뜻이다. 고민에 사로잡혀 있는 사람은 본인은 깨닫지 못하지만 사실은 누군가를 공격하고 있다. 고민은 감추어진 공격성이기 때문에 의존성이 강하다. 욕구불만인 사람은 고민하지 않고는 견디지 못한다.

어린아이가 울고 있을 때에도 도움을 바라는 한편으로 공격성을 드러내고 있는 것이다. 성인인 경우에도 자기 연민에 빠져 눈물을 흘리는 사람은 이런 어린아이와 마찬가지다. 도움을 바라면서 그와 동시에 공격성을 드러내는 것이다.

아들러는 '공격적 불안' 이외에 '공격적 고민'에 대해서도 정의하면서 "걱정이나 불안은 도움을 바라는 형식으로 기능한다."고 말했다.[19]

요컨대, 고민하는 성인은 '도와달라'고 호소하고 있는 것이다.

그리고 어린아이와 마찬가지로 도움을 바라는 동시에 공격성을 드러낸다. 이와 관련하여, 아들러는 "이것은 모든 사람에게 익숙한 일이다."라고 말했다.[20]

갓난아기는 배가 고플 때, 물을 마시고 싶을 때, 무서울 때 울면서 도와주기를 바란다. 이것은 그를 둘러싼 사회에 보내는 사인이다. 아들러는 갓난아기가 도움을 바라고 울 때, 그 얼굴은 공격성을 드러내고 있다고 말했다.[21]

불안과 열등감 때문에 발생하는 고민은 사회적으로 표현된 고민이다. 사회적으로 표현된 그 고민으로서의 공격성은 누구를 향한 것일까? 공격의 대상은 자신이 응석을 부리고 싶은 사람이다.

스스로는 정당한
고민이라고 생각한다

별것도 아닌 일을 과대 포장하며 소란을 떤다. 심리적으로 건강한 사람의 입장에서 보면 소란을 피우는 사람은 피해를 강조하고 있을 뿐이다. 그러나 고민을 하는 사람 쪽은 결코 과장스럽게 소란을 떤다고 생각하지 않는다. 정말로 큰일이라고 생각한다. 그 정도로 큰 피해를 입었다고 생각하는 것이다.

이것은 분노의 간접적 표현이다. 그것 자체가 큰 문제는 아니다. 자신의 고민은 정당하다고 생각하는 것이므로, 본인의 입장에서 보면 과장스러운 고민은 아니다.

전날 숙면을 취할 수 없었다. 이런 일은 누구나 경험한다. 소란을 피울 일이 아니다. 그러나 무의식에 분노가 축적된 사람은 숙면을 취할 수 없었다는 그 사실을 통하여 감추어진 분노를 표현한다. 그렇기 때문에 "아, 잠을 제대로 잘 수 없었어. 정말 힘들어. 몸에 힘이 하나도 없어. 오늘은 컨디션이 엉망이야…"라고 마치 큰일이라도 난 것처럼 한숨을 내쉬며 고민한다.

이렇게 과장스런 행동을 하는 이유는 무의식에 축적된 분노를 방출하고 있는 것에 지나지 않는다. 잠을 편히 잘 수 없었다는 것이 특별한 문제인 것이 아니다.

따라서 보통 사람의 입장에서 보면 "별것도 아닌 일을 가지고 왜 저렇게 소란을 떨지?" 하는 생각이 저절로 든다. 그 사람의 언행이 과장스럽게 느껴진다.

앞에서도 언급했지만 고민에 빠져 있는 사람은 항상 어떤 문제 때문에 고민하고 있지만, 그 고민 자체가 문제인 것은 아니다. '괴롭다', '힘들다'고 고민하는 과정을 통하여 무의식에 축적된 분노를 간접적으로 방출하고 있을 뿐이다. 그렇기 때문에 고민하는 사람의 입장에서는 고민하는 것 자체가 구원이고 평안이다.

'괴롭다', '힘들다'고 소란을 피우지 않으면 분노를 표현할 수 없다. '괴롭다', '힘들다'고 소란을 피우는 과정을 통하여 무의식이 바라는 부분이 충족된다.

더불어 "힘들어."라고 말하는 사람은 마음속으로 "나는 내가 싫어!"라고 소리치고 있다. 카렌 호나이는 "불행을 호소하는 언행

안에는 많건 적건 적대감이 포함되어 있다."는 멋진 말을 남겼다.

'괴롭다', '힘들다'고 소란을 피우는 사람은 "나 자신도, 다른 사람도 싫어."라고 말하는 것이다. 다만 나는 이 경우 적대감보다 원한恕恨이라 표현하는 게 더 적절하다고 생각한다.

고민과 '현실의 곤란'은 관계가 없다. 고민 의존증인 사람의 고민은 신경증적 고민이기 때문이다. 우울증은 현실의 곤란이 원인이 아니라 신경증적 고민이 원인이다.

"현실의 고통suffering과 그 개인의 실제 불행realistic unhappiness이나 제한limitations에 대한 태도에는 커다란 차이가 있다."[22]

카렌 호나이의 말처럼 현실적으로 발생한 일이 별것도 아니고 문제가 되는 것이 아닌데도 소란을 피우면서 '괴롭다', '힘들다'고 호소하는 사람도 있다.

독일의 정신과 의사 후베르투스 텔렌바흐Hubertus Tellenbach가 말한 것처럼 질병과 병고病苦; 병으로 인한 괴로움는 다르다. 응석을 부리기 위한 구실로 질병의 고통을 호소하는 사람도 있다. 그 사람의 입장에서 볼 때 주변 사람들은 모두 적이다. 이 경우, 질병 자체의 고통이 문제가 아니라 "괴로워!"라고 호소하는 사람의 마음속 고통이 문제다.

이와 관련하여 카렌 호나이는 '신경증적 고통'이라는 말을 사용했다.[23] 신경증적 고통은 경제적 곤란 같은 현실적인 곤란과는 다른 고통이다.

신경증적 고통은 그 사람이 괴로우면 괴로울수록 그 사람의 마음을 약하게 만든다. 반대로 현실의 고통이 괴로울수록 사람을 강하게 만들고 단련시킨다.

신경증적 고통을 가진 사람들은 현실과는 맞서기 싫기 때문에 "내 고민을 해결해 줘."라고 말한다. 하지만 그것은 무리한 일이다. 고민의 원인을 남겨둔 채 고민을 해결해 달라고 요구하는 것이기 때문이다.

이때의 고민은 공격성이 치환되어 나타나는 고민이기 때문에 해결할 수 없다. 정말로 싫어하는 사람을 싫다고 인식하지 않기 때문에 해결할 수 없다. 이 억압이야말로 고민의 진정한 원인이다.

미국의 정신과 의사 조지 웨인버그George Weinberg는 "억압 행동은 그 진실로부터 몸을 지키는 한 방법이다."라고 말했다. 신경증 환자는 진실에서 눈을 돌리고 고민을 해결해 달라고 요구한다. 의존적 인생이다.

현실과 맞서는 것 이외에 고민을 해결할 수 있는 방법은 없다. 편하게 해결하려 하면 삶은 더욱 힘들어진다. 현실을 부인하는 태도 때문에 삶은 더욱 괴로워진다.

카렌 호나이가 "신경증 환자는 고민을 좋아한다."고 말한 이유는 그 때문이다. 신경증 환자는 고민을 통하여 무의식에 축적되어 있는 분노를 표현한다. 그렇기 때문에 감추어진 분노를 표현하고 있을 때가 심리적으로 가장 편안하다. 고민을 하는 행위가 구원이다. 따라서 절대로 고민을 멈추지 않는다. 고민에 빠져 있는 사람에게 있어서 고민은 부정적인 자기표현이다.

자신이 불행하다고
인정하지 않는다

기본적인 불안감 때문에 강박적으로 명성을 추구하는 사람이 있다. 명성이 불안으로부터 자신을 지켜줄 것이라고 생각하기 때문이다. 실패하고 쓰러져도 계속 명성을 추구하는 사람도 있다. 그런 사람은 더 이상 몸이 망가지기 전에 깨달아야 하는 것이 있다. 자신은 '싫어하는 사람들에게 둘러싸여 있었다'는 사실이다. 그것을 깨닫는다면 행복을 향해 새롭게 출발할 수 있다.

하지만 그들은 이 진실을 좀처럼 인정하려 들지 않는다. 그것을 인정한다는 것은 자신의 외로움을 인정하는 것이기 때문이다. 그래서 "나는 싫어하는 사람들에게 둘러싸여 있었다."는 사실을 인정하지 못한다. 그것을 인정한다는 것은 "나는 지금까지 줄곧 혼자였다. 고독을 의식할 수 없을 정도로 고독했다."고 인정하는 것과 같다. 그보다는 "내 주변에 있던 사람들은 정말 좋은 사람들이었다."고 말하는 쪽이 심리적으로 편하다.

폴란드의 철학자 브와디스와프 타타르키비츠Wladyslaw Tatarkiewicz는 "행복한 사람만이 불행해질 수 있다."고 했다. 정말로 불행한 사람은 자신이 불행하다는 사실조차 깨닫지 못하거나 자신이 불행하다는 사실을 부인한다. 심리적으로 세상이 자신과 적대 관계에 놓여 있기 때문에 "나는 불행하다."고 인정하지 않는다. 패배하고 있는 상태이지만 자신의 패배를 인정하지 않는다.

또는 견딜 수 없을 정도로 불행하기 때문에 반동형성에 의해 "나는 이렇게 행복하다."고 자신의 행복을 과시한다. 블로그나 페이스북 등에서 늘 자신의 일상이 충실하다는 사실을 지나치게 드러내는 사람도 마찬가지다.

불행하다고 느끼는 것이 부모님에 대한 불효라고 생각할 경우, 부모님에게 심리적으로 의존하고 있는 사람은 사실은 불행하면서도 "나는 행복하다."고 의식한다.

반대로, 부모님에 대한 반항을 통하여 진정한 감정을 숨기는 사람도 있다. 또 다 큰 성인이지만 부모님으로부터 "이렇게 생각해라."라는 지시를 받는 경우도 있다. 고민에 사로잡혀 있는 사람이 의식하고 있는 감정은 그의 실제 감정이 아닌 것이다.

사람의 기본적인 애정 욕구는 타인에 의해서만 충족될 수 있지만 우울증 환자는 그 타인을 싫어한다. 싫어하는 사람과 데이트를 한다. 괴롭다. 그 괴로움은 방에 혼자 있을 때에도 느껴진다. 싫어하는 공부를 하고 있을 때와 비슷한 괴로움이 어묵을 먹고 있을 때에도 느껴진다.

자신의 두뇌 속에서 만들어지는 감정은 '괴로움'밖에 없다. 이제는 숨을 쉬는 것조차 괴롭다. 고민에 사로잡혀 있는 사람은 싫어하는 일을 지속하면서 살아갈 수 있는 에너지를 잃어버린 사람이다.

운동회는 싫다. 하지만 보통 사람들은 내일이 있기 때문에 오늘 운동회를 참아낸다. 우울증 환자에게는 그 '내일'이 없다. 새로운 아침이 찾아와도 역시 싫다. 어제와 같은 기분 나쁜 아침이고 어제와 같은 기분 나쁜 하루를 시작해야 한다.

선생님의 얼굴을 보는 것도 싫다. 아침이 오면 왠지 모르지만 기분이 나쁜데 일어서서 인사를 한다는 것은 생각하기도 싫다.

우울증 환자는 늘 불쾌하다. 그리고 불쾌하기 때문에 앞으로 나아갈 수 없다. 인생이 즐겁지 않은 이유는 문제를 해결하려는 의지가 없는 데다 마음이 현실의 새로운 정보에 열려 있지 않기 때문이다.

미국의 심리학자 데이비드 시버리David Seabury는 "승자와 패자를 구분하는 것은 고민하는 것과 생각하는 것의 차이다."라고 말했다. 승자는 해결할 의지가 있기 때문에 생각을 한다. 고민에 사로잡혀 있는 사람은 해결할 의지가 없기 때문에 생각하지 않는다. 그저 고민만 하는 것이다.

3장

고민 속에 비밀스런 바람이 담겨 있다

고민에 빠져 있는 사람은
고민을 하면서 다른 사람을 공격함과 동시에
우월한 위치와 힘을 원한다.

우월감을 획득하기 위해
고민한다

늘 고민에 빠져 있는 사람은 입만 열면 억울함을 늘어놓는다. 고민을 하는 행위는 감추어진 분노의 표현이다. 이 '고민' 속에 감추어진 비밀스런 바람은 공격을 통한 우월감의 획득이다. 고민을 하는 목적은 최종적으로 타인보다 우월해지고 싶은 것이다.

"저는 아이가 생기면서 뭔가를 가지고 싶다는 욕망이 사라졌어요. 남편은 저를 이해하지 못해요. 가끔 남편이 뭘 사주겠다고 말해도 제가 무엇을 원하는지 머릿속에 떠오르지 않아요. 그럴 경우 남편은 '그럼 내가 필요한 것만 살게.' 하고 자신에게 필요한 물건들을 구입하지요. 저는 왜 저만 참고 살아야 하는지 이해할 수 없는 기분이 들어서….'

듣고 있으면 끝없이 고민을 늘어놓는다. 이 여성은 자기 연민에 완전히 심취해 있는 것이다. 그녀는 남편을 계속 비난한다. 최종적으로는 타인보다 우월해지고 싶기 때문이다.

조지 웨인버그는 자기 연민의 확실한 징후는 자신의 문제만 생각하는 것이라고 했다. '나는 이렇게 고민하고 있다.' 하며 자신의 문제만 생각하는 것이다. 타인도 나름대로 고민이 되는 문제를 끌어안고 살고 있다는 사실에는 생각이 미치지 못한다.

'살이 쪘다'는 문제를 이상할 정도로 고민하는 사람이 있다. 그는 "나는 이렇게 고민하고 있어. 나는 이렇게 힘들어."라는 말만 되풀이한다. 그러나 본인이 주장하는 고민의 심각성과 다른 사람이 생각하는 고민의 심각성 사이에는 너무 커다란 차이가 있다.

현실적인 생활은 분명히 혜택받은 삶인데도 불구하고 늘 고민에 빠져 있는 사람은 "이것도 가지고 싶고 저것도 가지고 싶어."라는 식으로 광범위한 요구를 한다. 카렌 호나이는 신경증적 요구의 특징으로 '광범위한 요구'를 들었다.[24] 광범위한 요구가 있으면 만성적으로 불만을 느낀다. 늘 모든 것이 불만이다.

컵의 물이 절반일 때, 남아 있는 물을 중요하게 여기는 사람이 있고 사라진 물을 중요하게 여기는 사람이 있다. 고민에 사로잡혀 있는 사람에게 아무리 "남아 있는 물을 보라."고 말해도 그들은 사라진 물을 생각한다. 결여되어 있는 부분에 초점을 맞추는 과정을 통하여 감추어진 분노를 표현하고 있기 때문이다.

"물이 절반이나 남아 있다."고 말해야 사람들이 주변으로 모여든다. 사람들은 긍정적인 사람을 좋아한다. 그러나 고민에 사로잡혀 있는 사람은 아무리 노력해도 긍정적인 쪽으로 주의를 기울이기 어렵다. "절반밖에 없어." 하고 고민하는 사람에게는 사라진 물 쪽으로 주의를 기울여야 하는 무의식적 필요성이 존재한다. 그 무의식적 필요성이 축적된 분노의 표현이다.

"어떤 걱정이 있을 때에는 자신이 늘 회피하고 있는 중심적 사실이 존재한다. 그 중심적 사실은 끊임없이 당신에게 당신 자신을 변혁하라는 요구를 하고 있다."[25]

고민에 사로잡힌 사람의 중심에는 사실 타인으로부터 적극적인 관심을 받고 싶다는 욕구가 있다. 그러나 이들은 타인의 관심을 받으려면 밝은 부분을 말하는 것보다 불행한 부분을 말하는 쪽이 효과적이라고 생각하고 있다. 근본적인 이유는 어린 시절에 어머니의 사랑을 체험하지 않았기 때문이다.

실제로 고민에 사로잡혀 있는 사람은 타인에게 직접적으로는 아무것도 요구하지 않는다. 그러면서도 타인을 조종하여 "정말 힘들겠다." 하는 동정을 얻기 위해 집착한다. 그리고 끝없는 이해를 바란다. 즉, 무조건적인 사랑을 바란다. 상대를 대리모로 삼기 위해 상대를 조종한다.

복수심이 있는 한
고민은 계속된다

멈추지 않는 고민은 '분노의 간접적인 표현'이다. 따라서 주변 사람이 "아무리 고민해도 질병은 나아지지 않습니다."라고 충고를 해주어도 고민을 그치지 않는다.

고민을 하는 행위는 그 사람의 감정 표현이기 때문에 고민을 그칠 수 없다. 직접적으로 표현할 수 없었던 감추어진 분노가 존재하는 한, 그 사람은 계속 고민할 수밖에 없다. 고민하는 과정을 통하여 분노의 감정은 배출된다. 쌓여 있던 부정적 감정을 방출하는 것이기에 고민 그 자체가 기분 좋은 행위다.

1장에서도 설명했듯 '수면 무호흡 증후군'에 걸린 사람이라고 해서 모두 똑같이 고민을 하는 것은 아니다. "수면 무호흡 증후군이라는 사실을 알게 되어서 다행입니다. 이 기회에 충분히 휴식을 하라는 뜻으로 받아들이기로 했습니다." 하고 긍정적으로 받아들이고 전혀 고민하지 않는 사람도 있다.

같은 질병에 걸린다고 해도 질병 때문에 느끼는 고통은 사람에 따라 전혀 다르다. 현실적인 고통은 비슷하겠지만 그에 따르는 마음의 고통은 전혀 다르다.

"고민만 하지 말고 긍정적으로 생각하라."는 말은 오래전부터 자주 들어온 말이다. 긍정적인 사고방식의 중요성을 가장 먼저 제기한 사람은 미국의 목사이며 작가인 노먼 빈센트 필Norman Vincent Peale이라고 알려져 있다. 하지만 약 50년 동안 성직자의 지위에 있었던 필 박사는 사도 바울이 훨씬 전에 같은 말을 했다고 소개했다.[26] 다시 말하자면, '긍정적으로 즐거운 일을 생각하라'는 말은 기원전부터 이미 있었던 말이다.

그러나 수천 년이 지난 지금도 감추어진 적대감이 있는 사람은 긍정적인 사람이 될 수 없다. 생산적인 사람이 될 수 없는 것이다.

하버드대학 심리학과 교수인 엘런 랭어Ellen Langer가 이혼을 한 뒤에 줄곧 고민만 하는 사람과 그렇지 않은 사람의 차이를 조사했다. 놀랍게도 줄곧 고민만 하는 사람은 이혼의 원인을 모두 상대방에게 돌리고 있었다. 이들 중에는 이혼 그 자체 때문에 고민하는 경우가 있었고, 본인이 신경증 환자이기 때문에 살아 있는 것 자체를 고민하는 경우가 있었다.

실업, 실연, 질병도 그 때문에 얼마나 심각하게 고민하는가는 사람에 따라 다르다. 그 사람의 신경증 정도가 다르기 때문이다. 신경증적 경향이 강한 사람일수록 고민을 한다. 자신에게 '있어서는 안 되는 일'이 발생했다고 생각하기 때문이다.

또 동시에 그는 실업, 실연, 질병 같은 문제가 특별히 없어도 고민을 한다. 원래 살아가는 토대 자체가 고통스럽기 때문이다. 그 고통스러운 토대 위에 이혼이라는 고통이 더해졌다. 그렇기 때문에 계속 이혼 때문에 고민한다.

신경증 환자는 자신에게 중요한 모든 것에 권리가 있다고 생각한다.[27] 신경증 환자가 "내게는 권리가 있어."라고 말하는 경우, 대부분이 단순한 자기중심적인 요구다.

이혼을 해서 행복해지는 사람이 있고, 언제까지고 불행을 늘어놓으며 고민하는 사람이 있다.

"심리학자인 헬렌 뉴먼과 내가 이혼에 관하여 조사를 해보았더니 결혼 생활의 실패를 전 배우자 탓으로 돌리는 사람 쪽이 자신의 상황에 대해 생각할 수 있는 수많은 해석을 찾아내는 사람보다 훨씬 더 오랫동안 고민한다는 사실을 알 수 있었다."[28]

엘런 랭어 교수의 연구에 의하면, 마인드리스니스mindlessness; 마을 놓침인 사람은 고민에 빠지기 쉽다고 한다. 마인드리스니스에는 세 가지 측면이 있다. 첫째는 '카테고리에 대한 집착'이다. 둘째는 '아무것도 생각하지 않고 자동으로 하는 행동', 즉 오토매틱한 행동이다. 셋째는 '하나의 관점만을 기준으로 삼는 행동'이다.

이혼을 한 뒤에도 계속 불행하다고 고민하는 사람은 한 가지 관점으로만 이혼을 바라보는 것이다. 이혼을 해서 불행해진 것이 아니라 불행한 사람이 이혼을 했을 뿐이다. 이혼을 한 뒤에 언제까지고 고민만 하는 사람은 그대로 결혼 생활을 유지하고 있었어도 고민을 했을 것이다. 그는 고민을 하는 행위를 통하여 적대감을 표출하고 복수를 하고 있는 것이기 때문이다. 복수심이 있는 한 고민은 계속된다.

아무리 인정을 받아도
만족하지 못한다

우울증 환자는 마음속에 인정받고 싶다는 바람이 있다. 그는 지금까지 자신이 바라는 만큼 인정을 받은 적이 없다. 상대방에게 도움을 주었을 때에만 인정을 받을 수 있었다. 역할을 다했을 때에만 인정을 받을 수 있었다. 상대방의 상황에 맞추어 주었을 때에만 인정을 받을 수 있었다.

반대로 역할을 다하지 못했을 때에는 인정을 받을 수 없었다. 아니면 상대방의 상황이 나빠지면 즉시 거부를 당했다.

역할을 다했을 때에만 인정을 받아서는 우울증 환자의 마음이 충족되지 않는다. 또 자립한 성인이 된 이후에 사랑을 받아도 충족되지 않는다.

치유되지 않으면 충족되지 않는다. 유아적 욕구, 근친상간적 욕구, 응석에 대한 욕구, 어머니 집착 등으로 불리는 기본적인 욕구는 유아처럼 사랑받지 못하면 충족되지 않는다.

자신의 역할을 다했을 때에만 인정을 받을 경우, 그 당시에는 만족한다. 그러나 그것은 어디까지나 '그때뿐', '그 당시뿐'인 만족이다.

'그때뿐'이 되풀이되는 동안에 '인정받고 싶다'는 바람은 점점 강박적 성격을 띠게 된다. 즉, 분별력이 사라지고 만족감을 느낄 수 없는 상태에 놓인다.

그래서 아무리 인정을 받아도 더 인정받고 싶어 한다. 아무리 존경을 받아도 더 존경을 받고 싶어 한다. 그것은 어린 시절, 마음껏 응석 부리고 싶었던 욕구가 전혀 충족되지 않았던 사람이 짊어진 비극이다.

이제 우울증 환자라는 존재가 얼마나 거대한 분노를 마음속에 감추고 있는지 이해할 수 있을 것이다. 우울증 환자는 자신의 장래를 비관한다. 스스로를 비관한다. 자신의 실패를 과대 포장하고 자신의 성공을 과소평가한다.

그러나 근원에 존재하는 문제는 마음속에 있는 '충족되지 않은 애정 욕구에서 오는 공격성'이다. 바로 증오다.

그는 왜 불만에 집착하고 우울한 표정을 계속 짓는 것일까? 이

부분을 이해해야 한다. 그는 우울해지는 과정을 통하여 주변 세상에 복수하고 있기 때문이다. 그가 만약 우울해지지 않는다면 주변에 복수할 수 있는 수단을 잃어버리게 되는 것이다. 그렇기 때문에 그는 우울한 표정을 절대로 포기하지 않는다.

우울증 환자가 밝고 긍정적인 사람이 될 수 없는 이유는 억울함 때문이다. 복수하고 싶기 때문이다. 그의 분노와 증오는 누구를 향하고 있는 것일까? 우울증에서 벗어나려면 이 점을 분명하게 밝힐 수 있는 용기가 필요하다.

무엇을 하건 '귀찮다'고 말하지만 사실은 거짓말이다. 자신의 마음을 깊이 생각하고 싶지 않기 때문에 회피하는 것이다. 또는 자신의 진정한 마음을 간파하는 것이 두렵기 때문에 회피하는 것이다.

"증오의 대상은 누구라도 상관없어."라고 말하는 것은 "증오의 대상은 어머니야."라는 의미다.

여기에서의 어머니는 생물학적인 의미에서의 어머니만을 가리키는 것이 아니다. 정확하게는 어머니다움을 갖추고 있는 어머니를 원했지만 그런 사람을 얻을 수 없었기 때문에 상상 속에만 존재하는 어머니다. 그래서 의식적으로는 "증오의 대상은 누구라도 상관없어."가 된다.

아들러가 말하듯 '공격성'은 교묘하게 '나약함'으로 변장한다.

불행을 과시하는 사람이 그 전형적인 예다. 비관주의도 공격성이 나약함으로 변장한 모습이다. 그런 언행을 하지 않으면 억울함과 증오라는 부정적 감정을 배출하지 못하는 것이다. 직접적으로는 감정을 표현할 수 없다. 증오를 직접적으로 표현할 수 없기 때문에 굴욕을 참는다. 그 결과, 비관적인 언행을 통하여 분노를 간접적으로 표현한다.

주변 사람들에게
죄의식을 느끼게 만든다

교류 분석에서는 만성적으로 정형화된 불쾌한 감정을 '라켓 racket'이라고 한다. 예를 들어 불행을 과시한다, 흐느끼며 운다, 깊은 실망감에 한숨을 내쉰다, 우울한 표정을 짓는다 등이 라켓에 해당한다. 이렇게 불쾌한 감정을 드러냄으로써 상대방에게 죄의식을 가지게 하여 자신이 생각하는 대로 움직이려 한다.

라켓에는 상대를 바꾸려는 의도가 감추어져 있다. 이 라켓이 아들러가 말하는 '사회적으로 표현된 공격성'이다. 이 때문에 교류 분석에서는 라켓을 '마음의 마피아'라고도 부른다.

라켓은 상대를 바꾸기 위해 사용하는 불쾌한 감정이다. 만성적 불쾌감은 불행의 과시이고, 불행의 과시는 공격성의 간접적 표현이다. 자신의 불행을 과장하는 행위를 통하여 주변을 조종하려는 의도가 담겨 있는 것이다.

사람은 때로 "상대를 바꾸려는 생각에 지속적으로 '불행한 행동'을 한다."[29]고 한다. 그것도 본인은 전혀 깨닫지 못하는 상태에서다. 불행을 과시하는 행위를 통하여 상대방이 죄악감을 느끼기를 바란다. 상대방이 죄의식 때문에 괴로워하기를 바란다.

카렌 호나이의 말처럼 불행의 과시는 분노의 간접적 표현이다. "나는 이렇게 힘들다."는 고민은 공격성을 표현하는 것이다. 그리고 거기에는 상대방보다 우월하려는 바람이 감추어져 있다.

자신의 불행을 고민하고 있으면 행복해지려는 노력을 하지 않아도 된다. 심리적으로 건강한 사람이 봤을 때는 행동 없이 늘 고민만 하고 있는 것처럼 여겨진다.

사실 고민에 사로잡혀 있는 사람은 주변 사람들에게까지 영향을 끼치고 있다. 그들이 마음속으로 "나는 당신들이 싫습니다."라고 생각하고 있다고 해서 '그들에게서 벗어날 수 있는 것'은 아니다. 오히려 매달린다. "나는 당신들이 싫습니다. 하지만 당신들이 없으면 살아갈 수 없습니다."라는 것이다.

사람은 불안하기 때문에 힘을 원한다. 카렌 호나이는 '기본적 불안감'이라는 말을 사용했다. 기본적 불안감이 있는 사람은 다른 사람 위에 자신을 놓으려 한다. 아들러는 이것을 '공격적 불안'이라고 표현했다.[30] 문제는 이것이 '그야말로 적절하게 감추어져 있다'는 데에 있다.

카렌 호나이도 "그들은 절망하고 자살하기를 바란다."고 말했다.[31] 자기 소멸형 인간은 자신을 둘러싸고 있는 인간 환경을 바꾸는 것도 중요하지만 그보다 앞서 자신을 바꾸기 위해 노력하지 않으면 죽을 때까지 고민에서 벗어나기 어렵다. 그들은 고민을 하면서 관 속으로 들어간다. 관 뚜껑이 닫혀도 그 안에서 고민을 하는 목소리가 새어나올 것 같은 그런 사람들이다.

고민으로 변장한 공격성은 힘을 원한다. 고민에 빠져 있는 사람은 고민을 하면서 다른 사람을 공격함과 동시에 우월한 위치와 힘을 원한다.

물론 힘을 원하는 중요한 원인은 열등감이다. 그러나 공격적 불안도 힘을 원하는 중요한 원인 중 하나다. 힘에 대한 갈망은 공격적 불안으로 변장하여 나타난다.

아들러가 말했듯이 이 공격적 고민이나 공격적 불안에는 지배자로서의 힘에 대한 갈망이 교묘하게 감추어져 있다. 늘 남편 때문에 고민하는 아내, 늘 아내 때문에 고민하는 남편, 늘 아이 문제로 고민하는 부모, 늘 부모 문제로 고민하는 자녀, 늘 부하 직원 때문에 고민하는 상사, 늘 상사 때문에 고민하는 부하 직원…. 늘 고민에 빠져 있는 사람은 '이혼을 하겠다', '저 사람을 쓰러뜨리겠다'는 현실적 의지는 없다. 해결을 하려는 의지는 없다.

그러나 주변 사람에게 복수하고 싶다. 고민을 하면서도 무의식에서는 힘을 원한다. 그와 동시에 같은 무의식 세계에서 살려달라고 도움을 요청한다.

"내 힘으로 처리해 봐야지." 하는 현실적 의지는 없다. 고민에 사로잡혀 있는 사람이 정말로 원하는 것은 감추어져 있다. 그렇기 때문에 계속 고민을 해도 해결이 되지 않는다. 고민에 사로잡혀 있는 사람은 죽을 때까지 계속 고민할 수밖에 없다.

주변 사람들에게
의무를 부과한다

자신의 괴로움을 끊임없이 호소하면서 주변 사람을 비난하는 사람은 주변 사람들이 자신을 사랑해 주기를 바라는 것이다. 그래서 계속 반복적으로 "괴로워.", "힘들어."라고 호소한다. 그러나 정작 본인은 힘든 상황을 해결하기 위한 노력은 아무것도 하지 않는다. 단지 괴롭고 힘들다고 호소하며 상대방이 어떻게 나올지 살필 뿐이다.

자신이 먼저 주변 사람들에게 직접 "이렇게 해줘."라고 부탁하지는 않는다. 왜 솔직하게 주변 사람들에게 도와달라고 말하지 못하는 것일까?

공격을 하고 있는 대상에게 부탁을 할 수는 없다. 상대방에게 적대감을 가지고 있지만 그와 동시에 도움을 바란다. 이 모순이 솔직함을 방해한다. 아이들은 자신을 따돌린 아이에게 "놀아줘!"라며 다가가지 않는다. 따돌린 아이에게 놀아달라고 다가가는 것은 억울한 행동이다.

고민에 사로잡혀 있는 사람은 주변 사람에게 증오를 품고 있기 때문에 도와달라는 말을 할 수 없다. 그들은 항상 스스로는 올바르고, 주변 사람들이 나쁘다고 주장한다.

이것은 고통을 호소하는 사람들의 틀에 박힌 말이다. 자신만 괴롭다. 자신만 올바르다. 그리고 주변 사람들이 동정을 해주고 구원해 주기를 바란다. "나는 힘들어."라고 말하며 주변 사람들에게 의무를 부과한다. 자신이 의뢰를 해서 도와주는 것이 아니라 상대방이 의무로 여기고 자신을 도와줄 것을 요구한다.

우울증이 있는 사람은 유아적 바람이 충족되지 않은 사람이다. 그렇기 때문에 고민에 빠져 있는 사람은 억울한 것들이 많다. 증오의 대상으로부터 사랑을 받고 싶다는 모순을 가지고 있지만 그것 자체가 무리한 일이다. 그 모순 때문에 솔직한 감정도 털어놓을 수 없다.

우울증 환자는 증오를 표현하지 못한 채 이러지도 저러지도 못하는 상황에 빠진다. 증오를 품고 있는 상대로부터 사랑을 바라고 있기 때문에 옴짝달싹도 할 수 없다. 그런 상황에 놓이면 고민을 하는 것 이외에 감정을 표현할 방법이 없다.

주변 사람들에 대한 증오를 의식하지 못하거나 의식하더라도 표현할 수 없다. 그 결과 증오가 다양한 간접적 표현으로 바뀌어 일상생활에 나타난다.

우울증을 앓는 사람은 부당하게 강요당하여 짊어질 수밖에 없었던 부담에 적극적으로 항의할 수 없다. 미움을 받는 것이 두려워서 항의할 수 없다. 화를 내는 것이 두려워 항의할 수 없다. 그 결과 마음속에는 주변에 대한 증오가 계속 쌓인다.

프롬 라이히만의 말처럼 우울증을 앓는 사람은 사랑을 바란다. 아이는 '이렇게 하면 사랑해 줄 것이다', '이렇게 견뎌내면 사랑을 줄 것이다' 기대하며 부모에게 최선을 다한다. 나쁜 이성에게 이끌리는 연애와 비슷하다. 그는 사랑을 바라기 때문에 상대방이 바라는 대로 행동한다. 그러면서 상대방에게 계속 착취를 당한다.

연애나 부모와 자녀의 관계도 마찬가지다. 사랑을 바라는 쪽이 약한 입장에 놓인다. "이렇게 해야 착한 아이지."라는 말에 아이는 자신의 감정을 억제하고 부모가 원하는 행동을 한다. '착한 아이'가 되려고 노력한다. 그 결과 아이는 자신이라는 존재를 포기해 버린다. 즉, 사랑을 받고 싶어서 진짜 자신이 아닌 거짓 자신으로 살아간다. 그 결과 자기 증오에 사로잡혀 고민을 거듭한다.

우울증 환자의 강렬한 자기 증오는 결국 주변 사람에 대한 증오에서 비롯된다.

"가혹한 자기비판이나 잔학한 자기 멸시 등은 근본적으로 대상을 향한 것이며, 대상에 대한 복수를 의미한다는 사실을 우울증 분석을 통해서 얻을 수 있다."고 프로이트는 지적했는데, 맞는 말이다.[32]

인생을 개척하려면 우선 '자신의 커뮤니케이션 능력을 파괴한 사람이 누구인가' 하는 것부터 생각해야 한다.

고민과 공격성은
밀접한 관계를 맺고 있다

나무의 주인이 겨울에 나무를 보며 "이 나무에는 왜 꽃도 피지 않아?" 하고 나무를 상대로 화를 낸다. 나무는 그 말을 듣고 열심히 꽃을 피우려 하지만 꽃은 피울 수 없다.

"봄도 아닌데 꽃을 어떻게 피워?" 하는 생각은 하지 않고 꽃을 피우지 못하는 자신을 쓸모없는 나무라고 생각한다. 그리고 주인에게 "꽃을 피우지 못해서 죄송합니다." 하고 사과한다. 이것이 우울증이라는 이름의 나무다.

자신이 정말로 증오하고 있는 대상이 자신과 가까운 곳에 있는 주변 사람이라는 사실을 의식하지 않는 한 우울증은 결코 사라지지 않는다.

우울증에 걸린 어떤 여성이 있다. 그녀를 학대한 어머니가 질병에 걸렸다. 마음속의 무의식에서는 "이런 어머니는 죽어도 상관없어."라고 생각한다. 그러나 그녀는 "저를 학대했던 어머니의 마음을 충분히 이해해요."라고 말한다.

아버지도 좋아하지 않는다. 좋아할 수 없다. 부모를 포함하여 그녀 주변에 있는 사람들은 모두 게으름뱅이다. 그녀만이 생활을 위해 필사적으로 일했다. 그녀는 다른 사람의 말을 도저히 거스르지 못하는 성격이다.

그녀는 아버지와 어머니가 싸우는 것을 보고 "제발 그만해!" 하고 울음을 터뜨렸다. 그러나 그녀의 경우, 우는 것도 사실은 분노에 해당한다. 울음소리는 그녀의 비명이다. 그녀가 초조와 우울에서 벗어나려면 무의식에 존재하는 과거를 의식화하고 마음을 정리하는 수밖에 없다.

우울증과 공격성에 대해서 의견 일치는 없는 듯하다.[33] 그러나 나는 반세기에 걸쳐 고민에 빠져 있는 사람을 상대하면서 고민과 억압된 공격성은 불가분의 관계에 놓여 있다고 확신한다.

"가장 중요한 요인은 모순되는 경향이 가지고 있는 그 강인함, 특히 이런 경향들의 무의식 부분이 가지고 있는 강도強度에 있다는 것이다. …나쁜 것을 버리고 좋은 것을 선택하는 경우의 결정적 요인은 '의식하는 것'에 있다."[34]

사회심리학자 에리히 프롬Erich Fromm은 '의식하는 것'에 원하는 목표 중에서 어떤 것이 바람직한지를 의식하는 것, 표면에 드러난 욕구의 배후에 존재하는 무의식의 욕망을 발견하는 것, 현실적인 가능성을 의식하는 것, 결과를 의식하는 것 등이 있다고 구체적으로 열거했다. 중요한 것은 에리히 프롬의 말처럼 표면에 드러난 욕구의 배후에 존재하는 무의식의 욕망을 발견하는 것이다.

상속 문제로 관계자들끼리 다툼이 발생했다. 상담을 하러 왔는데, 말을 들어보니 모두 좋은 사람들이다. 그들은 입을 모아 "어머니를 위해서는 이 방법이 최선입니다."라고 말하고, "저는 아무래도 상관없습니다."라고 말한다. 또 "저는 바람직하게 해결하고 싶을 뿐입니다."라고 말한다.

그러나 '표면에 드러난 말의 배후에 존재하는 욕망'은 그야말로 더럽고 추악하다.

정신적 트라우마로
인생이 바뀌었다

"나는 정신적 트라우마로 인생이 바뀌었다."는 도박 중독자가 있는데, 신경증 등의 마음의 질병 때문에 고통을 받고 있는 사람들도 이 도박 중독자와 비슷하게 말한다.

우울증 환자 역시 정신적 트라우마로 인생이 바뀐 사람이 많다. 일단 어린 시절에 원하지 않는 삶을 살았다. 그래서 성인이 되어 어떤 체험을 하게 되면 그것이 어린 시절에 이미 경험한 불쾌한 체험을 불러낸다.

심리적으로 건강한 사람들인 경우에는 즐거운 체험으로 받아들일 수 있는 상황도 그들의 입장에서는 괴로운 체험이 되기도 한다. 심리적으로 건강한 사람들의 눈으로 보면 "이것이 그렇게 괴로운 것일까?" 하는 의문이 든다.

우울증 환자의 꿈은 마조히즘이 많다. 빼앗기고 공격당하고 배제당하고 실패한다.[35] 보통 사람과 비교할 때 우울증 환자는 자학적인 꿈을 자주 꾼다.[36] 그런 꿈을 보아도 알 수 있듯 그들은 오랜 기간 동안 스스로 내키지 않는 불쾌한 체험을 되풀이하며 살아온 것이다.

주변 사람이 어떻게 느꼈는가 하는 문제는 별개로 치고 본인은 지금까지의 인생에서 무엇 하나 즐거운 일이 없었다. 삶은 괴로움 그 자체였다.

또한 부모와의 '복종·의존 관계'라는 입장에서 생각할 때 그들은 그 괴로운 체험을 강제로 '즐거운 체험'으로 받아들여야 하는 상황에 놓여 있었고 '즐겁다'는 역할을 연기해야 했다.

어떤 체험을 '불쾌하다'고 느끼는 것은 권위주의적인 부모의 의지에 위반되는 행위다. 우울증 환자는 더 이상 살아가는 것이 싫지만 "더 이상 살기 싫다."고 느끼는 것조차 금지당했다. 자살하고 싶지만 자살하는 것조차 금지된 인생이다. 아니, 자살하고 싶다고 의식하는 것조차 금지당했다.

하지만 성과 없는 노력도 지금까지는 좋았다고, 지금까지 잘못된 삶을 살았다고 깨달을 수 있다면 그래도 과거의 고통을 통하여 배운 것은 있다고 말할 수 있다. "내가 그렇게까지 노력해서

얻은 것이 결국 우울증인가?" 하는 사실을 뼈저리게 깨달았기 때문이다. 따라서 이번에야말로 그런 삶을 살아서는 안 된다는 사실을 확실하게 배워야 한다.

"자연은 의지가 시동을 걸 때까지 우리를 지속적으로 위협하며 괴롭힌다."[37]

아론 벡은 우울증의 특징으로서 '의지의 마비'[38]를 이야기했다. 기본적 욕구나 유아적 갈망이 충족되지 않아 욕구불만 상태에 빠져 있는 사람은 아직 에너지가 남아 있다는 뜻이기도 하다. 그 에너지를 어떻게 승화시켜야 할까?

그 에너지는 우울증 환자가 가두어둔 틀 안에 존재한다. 하지만 우울증 환자의 문제는 주변의 가까운 사람에 대한 증오라는 굴레에 갇혀 자신의 마음속에 존재하는 빈자리를 보지 못한다는 것이다.

현실에 맞설
생각을 하지 않는다

고민에 사로잡힌 사람들은 현실에 맞서는 것을 싫어한다. 그러면서도 "고민을 해결해줘."라고 돌려서 표현을 한다. 하지만 그것은 무리다. 변장을 하거나 공격의 대상을 바꾸어놓는다고 해도 고민을 해결할 수 없다.

공격의 대상을 바꾼 사람은 정말로 싫어하는 사람을 싫다고 인식하지 않는다. 상담을 하다 보면, 사실은 남편이 싫은데 시어머니나 시누이가 싫다고 말하는 여성들이 있다. 그러나 남편을 공격하지 않고 다른 사람을 공격한다. 즉, 공격의 대상을 바꾸는 것이다.

남편을 직접 공격하면 이혼이라는 원치 않는 해결책을 제시받는다. 그래서 남편 이외의 다른 사람으로 공격의 대상을 바꾸어 놓고 불만을 품거나 공격을 한다. 그런 억압이야말로 고민의 진정한 원인이다.

자신의 마음의 갈등에 직접 맞설 생각은 하지 않고 고민을 해결해 달라고 요구하는 사람은 정말 많다. 그것은 고민의 진정한 원인을 남겨둔 채 고민을 해결해 달라는 터무니없는 요구다. 눈부신 여름 햇살이 내리쬐는 플로리다에서 스키를 타게 해달라고 요구하는 것과 같다. 현실에 맞서는 것 이외에 고민을 해결할 수 있는 방법은 없다.

아무런 문제가 없는 '착한 아이'가 있었다. 그 아이가 대인공포증에 걸렸다. 학교에도 갈 수 없게 되었다. 원인은 부모의 불화다. 부부는 갈등의 원인이 자기들에게 있다는 사실을 인정하지 않고 부정적 감정을 모두 아이에게 방출하고 있었다. 부부 관계의 갈등을 인정하지 않으면 그 아이의 문제는 해결되지 않는다.

마음의 갈등을 인정하지 않으면 고민은 해결되지 않는다. 현실을 부인하면서 '고민을 해결하자'고 생각해도 무리다. "저 포도는 맛있어 보이지만 나는 딸 수 없어."라고 인정하면 포도에 대한 흥미가 없어진다. 또 자신이 흥미 있는 일을 하고 있으면 그 포도는 달콤하다는 사실을 아무런 전제 없이 인정할 수 있다. 그렇게 있는 그대로의 사실을 인정하면 자신이 무엇을 해야 할 것인지 그

목표가 보인다.

자신의 약점을 인정할 수 있기 때문에 자신의 장점도 보이는 것이다. 현실을 부인하면서 "저 포도는 셔."라고 말하면 주변에 이상한 사람들이 모여든다. 심각한 열등감이 있는 사람, 나쁜 버릇이 있는 사람, 비뚤어진 사람 등 비정상적인 사람들과 가까이 지낸 결과 이용을 당하거나 사기를 당한다. "저 포도는 셔."라는 현실과 동떨어진 말을 하지 않는다면 이상한 사람들에게 휘둘리는 일은 없다.

현실을 부인하는 태도는 엄청난 에너지를 소비한다. 살아가는 에너지를 소비하는 것이다.[39] 구체적으로는 아무것도 하지 않는데 늘 피로한 사람이 있다. 현실을 부인하는 사람이다.

괴로워도 현실을 인정해야 한다. 현실을 인정하는 고통이야말로 해방과 구원으로 가는 길이다. 심리적으로 성장한다는 것은 심리적으로 불구덩이의 지옥을 통과한다는 것이다.

그렇기 때문에 많은 사람들은 심리적으로 성장하지 못하고, 즉 현실에 맞서지 못하고 현실을 부인하면서 살아간다. 합리화하거나 공격의 대상을 바꾸거나 책임을 전가하거나 외화를 하는 모든 방어기제를 이용하여 현실에 맞설 생각은 하지 않고 몸을 지키는 데에만 집착한다.

그러나 현실을 부인하는 태도로는 현실로부터 몸을 지킬 수 없다. 그 사람에게 기본적 불안감이 존재한다는 것은 응석에 대한 욕구가 존재한다는 뜻이다. 갓난아기는 집에 있을 때도 엄마가 보이지 않으면 울음을 터뜨린다.

기본적 불안감 때문에 강박적으로 명성을 추구하는 성인은 엄마가 없는 집에서 울고 있는 갓난아기와 같다. 그리고 갓난아기의 입장에서 볼 때는, 현실에 맞서는 것보다 울음을 터뜨리는 쪽이 훨씬 편하다.

모든 것이 충족되어야
행복해질 수 있다

고민에 **빠져** 있는 사람은 현실을 정확하게 파악하지 않는다. 자신의 마음의 갈등을 해결하는 쪽으로 현실을 해석한다. 인생의 복잡한 사건들을 몇 가지 한정된 고정관념stereotype으로 해석한다.

삶의 보람은 경험이 쌓이는 것이다. 하나하나의 문제를 해결하는 과정을 통하여 인생의 의미는 형성된다. 그러나 고민에 사로잡혀 있는 사람은 10년이 지나도 같은 말을 한다. 그리고 "이것만 있으면 틀림없이 행복해질 수 있어."라고 생각한다.

그렇기 때문에 결여되어 있는 것을 채워 행복해지고 싶다고 생각한다. 모든 것이 충족되어야 '행복해질 수 있다'고 생각한다. 단순한 착각이 아니다. 그 해석에 집착한다. 자신의 외모에 자신이 없는 사람은 연인이 생기지 않는 원인을 모두 외모 탓으로 돌리고, 미인이 되면 행복해질 수 있다고 믿는다.

아론 벡은 "우울증 환자는 자신에게 결여되어 있는 것을 '자신의 행복의 본질'이라고 생각한다."고 했다. 그렇게 생각하면 행복해지기 위한 노력을 하지 않아도 되기 때문이다.

오스트리아의 정신과 의사 빅터 프랭클Viktor Frankl의 말처럼 우울증은 그야말로 '삶의 썰물'이다. 살아갈 에너지가 없기 때문에 불행한 것인데 "이것이 없기 때문에 불행하다."고 말한다. '이것이 없다'는 것으로 불행을 대신한다.

그들에게는 오스트리아의 정신과 의사 베란 울프Beran Wolfe가 말하는 노이로제의 특징인 '대신할 수 있는 것'이 '결여되어 있는 것'이다.

인간은 원래 완전하지 않다. 결여되어 있는 것을 보완하고 연구하는 데에 삶의 의미도 있다.

험담이나 불평은
감추어진 분노다

　고민에 빠져 있는 원인은 충족되지 않은 퇴행 욕구이지만 한
가지 이유가 더 있다. 다른 사람에 대한 험담이나 불평은 감추어
진 분노가 뇌의 편도체에 쌓여 있다는 사실을 나타낸다. 그것은
과거에 표현할 수 없었던, 현실과는 전혀 관계가 없는 분노의 감
정이 형태를 바꾸어 표현되는 것이다.

　예를 들어 교류 분석 등에서 '불평과 후회는 패자의 전매특허'
라는 말을 아무리 해대도 감추어진 분노가 쌓여 있는 사람은 불
평과 후회를 그치지 않는다. 즉, 불평과 후회는 그 사람에게는 강
박관념이다. 그만두려고 해도 그만둘 수 없다.

　불평과 후회를 그만두지 못하는 이유는 무의식이 불평과 후회

를 원하기 때문이다. 머리로는 '그만두는 게 좋다'는 사실을 알고 있으면서도 그만둘 수 없는 것은 무의식이 그만두지 않기를 바라기 때문이다. 의식적으로는 그만두려고 노력해도 무의식에서는 불평과 후회를 하고 싶어 한다. 그 사람에게는 그렇게 해야 할 필요가 있는 것이다. 그 사람은 불평과 후회를 하고 있기 때문에 제 정신을 유지하면서 살 수 있다.

과거를 되돌리고 싶지만 되돌릴 수 없어서 고민하는 사람은 변화를 받아들이지 못한다. 살아갈 에너지가 없다. 그래서 고민하는 것 이외에는 방법이 없다. 그 배후에는 감추어진 분노가 존재한다.

"이렇게 했어야 했어.", "그렇게 했어야 했어."라고 말하고 있는 상태에서는 자신을 뛰어넘을 수 없다. 퇴행 욕구에 휘둘리고 있기 때문이다.

자신이 살아온 길을 부정하는 사람은 자신을 뛰어넘을 수 없다. 충족되지 않은 퇴행 욕구가 달라붙어 있기 때문이다.

4장 ─────────────────────────────

고민을 위한 고민이 되풀이될 뿐이다

마음의 거주지가 없는 사람은
늘 태풍 속에서 살지만
마음의 거주지가 있는 사람은
맑고 평온한 날씨 속에서 산다.

불행에서
헤어나올 수 없다

술을 마시는 사람이 모두 알코올의존증 환자는 아니다. 고민을 하는 사람이 모두 불행 의존증은 아니다.

불행 의존증이란 불행하게 행동하지 않고는 견디지 못하는 것이다. 즉, 불행을 과시해도 문제는 해결되지 않는다는 사실을 잘 알고 있으면서도 불행을 과시하지 않고는 견디지 못하는 것이다. 불행을 과시하는 행동을 그만두려 해도 생각처럼 그만둘 수 없다.

고민에 빠져 있는 사람이 고민만 하고 있어서는 자신의 장래에 아무런 도움도 되지 않는다는 사실을 이해하고 고민을 멈춘다면 그 사람은 불행 의존증이 아니다. 고민을 하는 것이 얼마나 무의미한 것인지 잘 이해하고 멈추기 위해 노력해 보지만 멈출 수 없는 사람이 불행 의존증이다.

툭하면 "나는 이렇게 불행해."라며 고민을 늘어놓는 사람이 있다. 해결할 의지가 있다면 불행 의존증이 아니다. 불행 의존증 환자는 해결을 하는 것이 목적이 아니라 "나는 이렇게 불행해."라며 고민하는 것이 목적이다.

우울한 표정을 짓고 훌쩍훌쩍 흐느끼며 불행을 과시하여 사람들을 어두운 기분에 젖게 만들면서 "아무도 나를 사랑해 주지 않아."라고 불평을 하는 사람이 불행 의존증 환자다.

어두운 영화관에서 혼자 눈물을 흘리다가 영화의 주인공에게 감명을 받아 더욱 분발해야겠다는 생각으로 영화관을 나오는 사람은 불행 의존증이 아니다.

아내가 남편의 폭력 때문에 고민한다. 남편의 바람기 때문에 고민한다. 남편이 일을 하지 않아 고민한다. 하지만 헤어지려 하지 않는다. 아내에게 다른 남자가 생겨서 남편이 고민한다. 하지만 헤어지려 하지 않는다. 어린 시절 자신을 둘러싼 사람들 대부분이 자신에게 이런 고민을 안겨주었다. 그래서 더더욱 지금의 관계를 무너뜨리고 싶지 않다. 아무리 불행해도 지금의 관계에 매달리는 것이다. 그리고 다른 사람들이 "불쌍해." 하고 동정해 주면 만족해한다.

그러나 아무리 "괴로워.", "힘들어."라고 고민을 해도 마음은 평온해지지 않는다. 불행의 과시는 간접적으로 표현된 공격성이기 때문이다.

불행을 과시하는 배후에는 주변 사람에 대한 감추어진 요구와 공격성이 존재한다. 자신의 불행을 과시하는 데에는 "당신도 나처럼 불행해졌으면 좋겠어."라는 동기가 감추어져 있다.

빠져나올 수 있지만
빠져나오려 하지 않는다

　분노나 증오의 감정을 표현하는 데에는 여러 가지 방법이 있다. 직접 표현하는 방법, 다른 것으로 치환해서 표현하는 방법, 정의라는 가면을 쓰고 표현하는 방법 등이다.

　분노가 열심히 일하는 것으로 표현되는 경우도 있다. 카렌 호나이는 이런 타입을 '오만한 복수를 하는 유형the arrogant-vindictive type'이라고 이름 붙이고 모든 신경증 환자 중에서 가장 '놀라운 일꾼'이라고 말했다.[40]

　공격성이 수동적으로 표현되는 것은 질투와 시기다. 증오를 감추기 위해 밝게 행동하는 사람도 있다. 고민의 형태로 변장을 하고 나타나는 증오도 있다. 우울증도 증오의 간접적 표현이다.

억압당한 것은 변장을 하고 나타난다. 그 전형적인 예가 불행한 감정이다. 불행 의존증 환자는 억압의 명수다.[41] 그는 불행한 상태에서 얼마든지 빠져나올 수 있지만 빠져나오려 하지 않는다. 그에게는 불행한 상태가 익숙하기 때문이다.

알코올의존증 환자가 술을 마시지 않고는 견디지 못하는 것과 마찬가지로 불행을 과시하지 않고는 견디지 못하는 사람들이다.

"우리는 불행하다고 느끼는 것에 의존하고 있다."[42]

어린아이가 부모에게 의존하듯 불행 의존증 환자는 불행하다고 느끼는 것에 의존한다. 감추어진 분노를 가지고 있는 사람은 때로 필사적으로 불행에 매달린다. 불행하다는 것이 다른 모든 것보다 우선시된다. 사소한 피해이지만 그것을 강조한다.

불행 의존증 환자는 불행하다는 데에서 자신의 존재 가치를 발견한다. 무엇보다 불행을 호소하는 행위를 통하여 동정을 구한다. 그 방법밖에 모른다.

불행 의존증 환자의 두 가지 조건[43]은 다음과 같다.

1. 파괴적인 상황을 예측한다.

"저 사람과 이혼을 하면 살아갈 수 없다.", "이 일을 그만두면 달리 할 수 있는 일이 없다." 하는 식으로 생각한다.

2. 행복에 익숙하지 않다.

"달에 가고 싶어."라는 말을 하는 식으로, 바라는 행복이 현실적인 욕구와는 동떨어진다. 현실적인 행복에 익숙하지 않아 평온한 상태를 파괴한다.

불행 의존증 환자는 의욕 자체가 없다. 주변 사람들이 자신의 불행을 알아주기를 바라고 그에 매달린다. 불행을 호소하는 데에 익숙해 있다. 인간은 모든 것에 익숙해지기 쉬운 존재이며 거기에서 빠져나오는 것은 쉽지 않은 일이다. 불행을 호소하는 사람이 맛보고 있는 것은 불행한 상황에 놓여 있을 때의 편안함이다.

인간은 모든 것에 익숙해진다. 불행에도 익숙해진다.

불행 의존증 환자는 행복해지고 싶은 마음이 없는 사람들이다. 불쾌한 일, 불행한 일에 너무 익숙해져 버렸다면 무슨 일이 일어나고 있는지 정확하게 이해해야 한다.

불쾌한 일들이 중첩되면 결과적으로 만성적으로 두려운 감정에 휩싸이게 되고 결국 행복해질 수 있는 능력을 잃어버린다.[44]

공격하는 타입과
불행해지는 타입이 있다

불행하면 편안하다고 생각하는 사람은 무슨 일이 있으면 다른 사람 탓으로 돌리는 방법을 통하여 자신의 가치를 높인다.

불행 의존증은 거짓 자존심을 내세운다. 그러나 의욕은 없다. "나는 이렇게 불행해."라고 과시하는 것이 증오를 배출하는 역할을 한다. "나는 올림픽에서 우승할 거야."와 같은 의지나 기대로는 해소되지 않는다. 이런 말은 증오의 간접적 표현이 되지 않기 때문이다.

인간관계가 원만하게 유지되려면 자신의 기쁨을 제시하고 상대를 인정해야 한다. 하지만 불행 의존증은 그 반대의 행동을 한다. 불행을 과시하면서 상대를 비난한다.

상처받기 쉬운 사람에게는 두 가지 타입이 있다. '자기 확장형 해결' 타입과 '자기 소멸형 해결' 타입이다. 여기에서 타입이라는 말의 기준은 마음의 갈등을 해결할 때의 마음가짐이다.

자기 확장형 해결 타입은 상처받았을 때에 방어적 공격에 나선다. 다른 사람을 비판한다. 앞에서 설명한 '놀라운 일꾼' 등이 여기에 해당한다.

자기 소멸형 해결 타입은 자신의 불행한 감정을 강조한다. 상처받았을 때에 자기 연민에 빠진다. 우울증 환자들이 여기에 해당한다. 자기 소멸형에 해당하는 사람들의 언행도 공격성이 간접적으로 표현된 것이다.

불행 의존증 환자는 자기 소멸형 해결 타입이다. 그들은 이상적인 자아상이 상처를 입으면 그것만으로 학대를 받았다고 생각한다.[45] 어떤 체험에 대해 객관적인 사실로서 학대를 받은 것이 아닌데도 자신은 학대를 받았다고 느꼈다는 것이 문제다.

힘들다고 말하면서도
놓지 않는다

　때로 희생적인 역할에 매달리는 사람이 있다. 주변 사람들은 그에게 그런 역할을 기대하지 않는데도 스스로 희생적인 역할을 담당하고 나선다. 그리고 "나는 이렇게 힘들어."라며 불평과 불만을 입에 달고 산다. 교류 분석에서는 이런 사람을 '현대의 아틀라스'라고 부른다. 달리 표현을 한다면 불행 의존증이다.

　'현대의 아틀라스'라는 말은 그리스 신화의 아틀라스 이야기에서 따온 개념이다. 아틀라스는 티탄의 전쟁에서 제우스에 대항한 죄로 평생 하늘을 받치고 있어야 하는 벌을 받았다. 헤라클레스는 아틀라스에게 자기가 하늘을 떠받치고 있을 테니 황금 사과를 하나 따 달라고 부탁했다. 황금 사과를 따서 돌아온 아틀라스는 헤라클레스가 하늘을 잘 받치고 있는 것을 보고는 계속 떠 받치고 있으라고 했다. 헤라클레스는 그 말에 동의하는 척하고, 다만 지금 자세가 불편하니 하늘을 짊어지는 방법을 알려달라고 말하였다. 아틀라스가 그 말을 듣고 헤라클레스에게서 하늘을 넘 겨받는 순간, 헤라클레스는 황금 사과를 챙겨서 미케네로 도피했 다.[46]

이것을 하면 이렇게 해주겠다고 말할 때에는 대부분이 거짓이 다. 아틀라스는 헤라클레스에게 속지 않았더라도 다른 곳에서 속 았을 것이다.

"불평을 하면서도 희생자라는 자신의 역할을 영원히 지속시켜 스스로 자신의 불행한 상황을 돌아보며 거기에서 나름대로의 쾌 락을 얻으려는 것처럼 보인다."[47]

이런 사람은 자신에게 심취해 있다. "나는 고생하고 있지만 당 신은 고생하고 있지 않아."라고 주장하는 사람들이 주변에 얼마 나 많은가?

남편이 알코올의존증이라는 점 때문에 고민을 하던 한 아내는 남편이 알코올의존증 치료를 받기 시작하자 남편에게 술을 마실 것을 권했다. 그리고 "그에게는 내가 필요해요. 내가 돌봐줄 거예 요."라고 말한다. 이 말은 동서양을 막론하고 불행 의존증 환자인 여성들이 사용하는 상습적인 대사다.

현대의 아틀라스는 왜 불행에 매달릴까? 그중 하나는 이미 설명했듯 변화가 두렵기 때문이다. 변화를 위해 소모할 수 있는 에너지가 없기 때문이다. 또 하나는 그들이 '도움이 되고 있다'는 것에서만 자신의 가치를 느낄 수 있기 때문이다. 이것은 '자기 무가치감自己無價值感'이며 '존재감 상실' 증상이다.

고민에 사로잡힌 사람은 어린 시절 부모에게 도움이 되었을 때에만 '착한 아이'라는 칭찬을 받았고 그렇지 않은 경우에는 사랑을 받지 못했다. 그래서 도움이 되어야만 자신의 존재를 느낄 수 있게 된 것이다.

도움이 되었을 때에만 칭찬을 받았다는 것은 도움이 되지 않으면 자신이 가치가 없다고 생각하게 된다는 것이다. 반대로, 조금이라도 부모에게 도움을 청하면 심한 야단을 맞았다. 그렇게 자란 사람이 성인이 되면 현대의 아틀라스로 불린다.

마음의 거주지가 없어
상대에게 집착한다

도움이 되어야만 자신의 존재를 느낄 수 있는 사람은 사랑을 받은 적이 없다.

아이가 존재하는 것만으로 부모가 기뻐한다면 아이는 부모에게 도움이 되지 않을 때에도 자신의 존재 가치를 느낄 수 있다. 하지만 도움이 되어야만 칭찬을 받을 수 있고 부모가 기뻐했다면 그것은 물건으로서, 예를 들면 '멋진 냉장고'로서 칭찬을 받는 것이다. 자신은 그저 다른 사람을 기쁘게 하는 존재인 것이다. "이 낚싯대는 정말 좋아."라며 낚시꾼이 도구를 칭찬하는 것처럼 칭찬을 받는다.

결국 도구로서 사랑을 받는 데에 지나지 않는다. 그렇게 도구로서만 취급을 당한 아이는 성인이 되어도 '도움이 되는' 데에서만 자신을 평가한다.

그들은 어렸을 때 부모로부터 인간으로서 대접을 받지 못했다. 부모는 '있는 그대로의 자신'을 인정해 주지 않았다. 아이의 존재를 소중히 여기는 부모는 아이가 학교에서 돌아와 "다녀왔습니다." 하고 인사하면 아이의 성적이 좋건 나쁘건 웃는 얼굴로 "그래, 고생했다." 하고 반갑게 맞이해 준다.

현대의 아틀라스로 불리는 사람들에게는 그런 체험이 없기 때문에 힘이 들어도 희생적인 역할에 매달린다. 희생적인 역할이야말로 그들이 바라는 '노예로서 평가받고 받아들여졌다'는 의미를 부여해 주기 때문이다.

이들의 헌신은 자기 집착적 헌신이다. '상대방을 위한 헌신이 아니라 자신을 위한 헌신'이다. 즉, 헌신을 통하여 자신의 존재감을 느끼려는 것이다. 우울증 환자도 누군가에게 도움이 된다고 느낄 때에 기분이 좋아진다.

자기 집착의 가장 큰 문제는 다른 사람과 커뮤니케이션을 할 수 없다는 데에 있다. 그리고 자아가 확립되지 않는다는 것이다. 자아가 확립되지 않는다는 것은 무슨 일이 있으면 즉시 기분이 흐트러진다는 뜻이다.

이런 사람은 다른 사람에게 도움이 되지 않으면 마음의 거주지를 가질 수 없다. 마음의 거주지를 가질 수 없다는 것은 애정 결핍이 심하다는 의미다. 우울증 환자가 '누군가에게 도움이 되고 있다'고 느낄 때에 기분이 좋은 이유는 도움이 될 때에는 마음의 거주지를 가질 수 있기 때문이다.

인간관계에 지나치게 의존하는 사람도 마음의 거주지가 없기 때문에 상대방에게 최선을 다하며 자신의 거주지를 찾는다. 그들도 희생적 역할에 매달린다. 불행을 호소하는 사람의 노력은 '자신의 거주지를 확보하기 위한 노력'이다. 그들의 호소는 "이 불행한 마음을 이해해 줘."라는 의미다.

자신의 거주지가 있는 사람과 없는 사람은 객관적으로는 같은 세상에 살고 있다고 해도 심리적으로는 살고 있는 세상이 전혀 다르다. 날씨로 비유하면, 거주지가 없는 사람은 늘 태풍 속에 있다.

새는 둥지를 한 번 만들면 된다. 그러나 태풍이 자주 불어오면 늘 둥지를 새로 만들어야 한다. 안심할 수 있는 둥지가 없기 때문에 1년 내내 마음이 바쁘다. 내일 태풍이 불어닥치면 둥지는 또 부서질 것이다. 따라서 둥지를 만들 때부터 내일 다가올지도 모르는 태풍을 생각해야 한다. 그래서 둥지를 만들면서도 불안하고 초조하다.

마음의 거주지가 있는 사람은 고민에 빠진 사람들을 보며 "왜 그렇게 초조한 거야?" 하는 의문을 가지게 된다. 그러나 고민에 빠진 사람들은 태어났을 때부터 자신의 거주지가 없기 때문에 초조한 것이다.

거주지가 없다는 것은 끊임없이 이사를 다니는 것과 같다. 그 사이에 식사도 해야 한다. 그렇기 때문에 식사를 잊는다. 이사가 중요한 것이며 식사는 중요한 것이 아니다. 초조한 만큼 욕심도 많다.

마음의 거주지가 안정되어 있으면 사람은 그다지 욕심을 내지 않는다. 마음속에 자신의 거주지가 없는 사람은 몇 개의 둥지가 있어도 안심하지 못한다. 그래서 욕심이 많아지고 이기주의자가 된다. 심각한 열등감도 그래서 발생한다. 즉, 소속감의 결여인 것이다.

심리적으로 말하면 마음의 거주지가 없는 사람은 늘 태풍 속에서 살지만 마음의 거주지가 있는 사람은 맑고 평온한 날씨 속에서 산다. 외부에서 보면 비슷해 보일지라도 두 사람의 마음속을 들여다보면 전혀 다른 세상에 살고 있는 것이다.

미움받을까 봐
불만을 표현할 수 없다

억울한 감정은 가까운 인간관계에서 발생하기 쉽다. 예를 들어, 응석을 부리고 싶은 대상과의 관계다. 어린 시절 어머니와의 관계에서 응석의 욕구가 충족되지 않은 상태로 성인이 된 사람이 많다. 성인이 되어 다양한 사람을 만나면서 그들에게도 가까운 사람이 생긴다. 그럴 경우, 가까워진 사람과의 관계에서 응석에 대한 욕구를 충족시키려 한다.

그러나 성인끼리의 관계에서 유아적 응석에 대한 욕구를 충족시키는 것은 무리다. 응석에 대한 욕구를 충족시키기 위해 상대방에게 "이렇게 말해주면 좋겠어.", "이렇게 해주면 좋겠어."라고 말해도 상대방은 좀처럼 기대한 대로 말하거나 행동하지 않는다.

어린 시절에 열심히 노력을 했지만 부모가 인정해주지 않았다. 그것은 괴롭고 힘든 경험이다. 그리고 성인이 되었다. 그들은 가까운 사람을 대상으로 "내가 한 노력을 인정받고 싶다."고 생각한다. 하지만 주변 사람들이 자신이 기대했던 대로 인정해 주지 않는다. 그래서 기분이 불쾌해진다.

하지만 그 불쾌한 감정을 상대방에게 직접 표현할 수는 없다. 미움을 받는 것이 두렵기 때문이다. 그런 작은 불쾌한 체험들이 축적되면서 억울한 감정에 빠진다.

매일 불쾌한 체험들이 축적되어 억울한 감정에 빠지고 그것이 육체적 건강에 악영향을 미친다. 만약 병에 걸려 있는 상태라면 억울한 감정이 회복을 늦출 수도 있다.

억울한 감정은 기력을 약화시킨다. 의욕을 잃게 만든다. 아침에 무엇인가를 하고 싶은 생각이 있어도 상대방의 사소한 말 한마디 때문에 억울한 감정에 사로잡히면, 그 순간 그 의욕이 사라져버린다.

일단 억울한 감정에 사로잡히면 좀처럼 벗어날 수 없다. 억울한 감정은 불행 의존증과 비슷하다. 'Locking Misery',[48] 불행한 감정에 사로잡힌 심리 상태에 자물쇠가 채워지는 것과 같다.

이런 심리 상태는 누구도 감당해 낼 수 없다. 이것은 괴롭고 긴 인생이 낳은 결과다. 불행 의존증이나 억울한 감정은 태어난 이후 끊임없이 내키지 않는 일만 해온 결과다. 그렇기 때문에 그들은 "전기 충격을 받은 듯한 불행한 상태에 멈추어 있다."[49] 길고 고통스러운 생활 때문에 모든 에너지를 잃어버렸기 때문에 변화할 에너지가 없다. 빠져나올 용기가 있으면 언제든지 벗어날 수 있지만 그 용기조차 없다. 너무 지쳤기 때문이다.

일은 하지 않고 알코올의존증에 바람을 피우고, 폭력까지 휘두르는 남편과 사는 사람이 있다. 헤어지면 즉시 행복해질 수 있다. 그러나 헤어진 이후 생겨날 변화가 두렵다.

이혼은 표면적으로는 행복해지는 것처럼 보이지만 정서적으로는 공포다.[50] 헤어진 이후가 불안하기 때문이다. 그래서 전기 충격을 받은 것처럼 불행한 상태에서 멈추어 버린다. "저는 지옥에 있는 듯한 기분이에요."라고 말하면서도 필사적으로 그 지옥에 매달리는 것이다.

불행하다고 느끼는 생활에 집착하듯 의존하는 이유는 무엇일까? 야단을 맞고, 욕을 얻어먹고, 원망을 듣고, 경멸을 당하는 인간적 환경에서 성장했기 때문이다.

그들은 어린 시절 따뜻한 사람들을 접할 기회가 없었다. 태어났을 때부터 마음이 감옥에 갇혀 있었던 것이다. 어린아이의 입장에서는 그런 인간적 환경에서 빠져나올 방법이 없다. 그럴 경우 당연히 불행이 '익숙한 감정'이 된다.

그런 환경에서 성장하면 에너지는 완전히 소실되어 버린다. 더이상 노력할 에너지가 없다. 노력을 통하여 일을 해결하는 것이 아니라 "나는 힘들어."라고 불행을 호소하는 방법으로 상대방이 해결해 주기를 바란다. 불행을 호소하는 행위는 괴로운 기분을 이해해 달라는 의미다.

조지 웨인버그는 "그는 동정에 대한 호소 이외에 아무런 노력도 하지 않기 때문에 인생을 헛되이 만들고 있는 것이다."[51]라고 말했다.

맞는 말이다. 하지만 불행 의존증 환자의 입장에서는 달리 살아갈 방법이 없다. 알코올의존증 환자가 인생을 헛되이 보내듯 불행 의존증 환자도 인생을 헛되이 보낸다.

어떤 사람은 정의를 과시하거나 불행을 과시하는 방법으로 증오의 감정을 표현한다. 그는 불행을 과시하지 않고는 견디지 못하는 것이다.

안전하게 자신의 부정적 감정을 처리하는 것, 그것이 바로 불행 의존증이다. 그들은 자신의 요구를 직접적으로 확실하게 표현하지 못한다. 분노가 고민으로 변장하여 나타나는 심리다.

그들은 자신의 슬픔을 호소하는 행위를 통하여 자신의 요구를 관철하려 한다. "나는 당신이 이렇게 해주었으면 좋겠어."라고 분명하게 말하지 못한다. "나는 이렇게 힘들어."라고 호소한다.

어떤 문제 때문에 실패를 할 경우, "나는 힘들어, 나는 힘들어, 나는 괴로워, 나는 괴로워." 하고 끊임없이 토로한다. 소란을 피운다. 자신이 불행한 원인은 어떤 실패 때문이라고 생각한다. 그러나 그가 불행한 원인은 그 실패 때문이 아니라 그 사람의 무의식에 존재하는 분노 때문이다.

어린 시절에 실패를 할 때마다 철저하게 고통을 받았다. 불행을 과시하는 배후에는 감추어진 증오가 존재한다. 따라서 작은 실패도 심각하게 받아들이는 이유는 그가 그 실패를 통하여 자신의 무의식에 존재하는 분노를 표현하고 있기 때문이다. 지금까지 표현되지 않은 마음의 무엇인가가 실패라는 현실을 통하여 표현되는 것이다.

감기 하나로 소란을 피우는 사람이 있고 암 선고를 받아도 냉철한 사람이 있다. 어떤 문제를 현미경으로 들여다보고 고민하는 사람이 있고 객관적으로 자연스럽게 바라보고 해결하려는 사람이 있다.

신경증 환자는 "내게는 좋은 일이 아무것도 없어."라고 말한다. 그런 식으로 불행을 내세운다. 하지만 심리적으로 건강한 사람의 입장에서 보면 그 사람에게는 좋은 일이 정말 많다.

상대방도
불행해지기를 바란다

상대방이 불행해지기를 바라고 그것을 동기로 행동하게 되면 다른 사람이 아닌 본인의 인생을 파멸로 이끈다.

불행을 호소하는 사람의 특징을 보면 기본적으로 주변 사람들을 싫어한다. 그러나 그는 "나는 당신들이 싫다."는 본인의 감정을 의식하지 않는다. 또 "나는 상대방을 믿지 않는다."는 사실도 의식하지 않는다.

"어떤 상황에서도 타인의 생활을 불쾌하게 만드는 경향을 가지고 있으며 마치 모든 빛을 꺼버리고 싶어 하는 것처럼 행동한다고 말할 수밖에 없는 적잖은 사람들"[52]이 있다.

불행을 과시하는 동기는 "당신도 나와 마찬가지로 불행해졌으면 좋겠다."는 것이다.

나는 저 사람이 가진 꽃을 가지고 싶다. 하지만 저 사람은 꽃을 주지 않았다. 그래서 저 사람에게 증오를 품는다. 나는 요리를 하느라 피곤하다. 하지만 그 사람은 요리를 칭찬해 주지 않았다. 그래서 그 사람에게 증오를 품는다.

불행 의존증 환자는 이런 증오가 계속 축적되는 과정 속에서 살고 있다. 상대를 믿으면 그런 불쾌한 감정을 상대방에게 직접 말할 수 있을 것이다. 불쾌한 감정을 직접 말할 수 없는 이유는 상대를 믿지 않기 때문이다.

현실을 부정하고 독선적으로
관계를 결정한다

우리는 흔히 피해 의식에 관하여 이야기하는데 피해 의식은 공격성이 변장한 의식이다.[53] 무슨 일이건 피해 의식에서 말하는 사람의 표정을 보면 이 말을 단번에 이해할 수 있을 것이다.

자신이 받은 피해만을 끝까지 강조하는 사람이 있다. 조사해 보면 현실적인 피해는 거의 없다. "그 일 때문에 이렇게 많은 시간을 빼앗겼어.", "그 사람에게 이렇게 심한 말을 들었어.", "나는 남편의 언어폭력을 견딜 수 없어."라고 소란을 떤다. 이것은 분노의 간접적 표현이다.

상대에게 화를 낸다. 상대가 싫다. 상대의 얼굴도 보고 싶지 않다. 하지만 "당신이 싫어."라고 말할 수 없다. 그 이유는 상대에 대한 의존 심리가 존재하기 때문이다. 자신이 심리적으로 약한 입장에 놓여 있다. 그렇기 때문에 억울해도 어쩔 수 없다.

불행 의존증 환자는 자신의 불행을 호소하고 싶을 때 상대를 가리지 않고 틈만 있으면 "힘들어!"를 연발한다. 자신이 누구에게 괴로움을 호소하고 있는지, 또는 호소해야 하는지 대상을 선택하지 않는다. 상대가 돼지든 바퀴벌레든 사람이든 가리지 않고 "힘들어!" 하고 호소한다.

하지만 자신이 상대를 가리지 않고 그런 호소를 하고 있다는 사실을 모른다. 사람이든 돼지든 바퀴벌레든 가리지 않고 호소를 하고 있다는 사실을 깨닫지 못한다.

불행 의존증 환자는 마당을 쓸면서 빗자루를 쳐다보면서까지 "힘들어!" 하고 불행을 호소한다. 그런 식으로 상대를 가리지 않고 닥치는 대로 호소를 하게 되면 주변 사람들은 그를 점차 기피하게 된다.

조지 웨인버그는 자기 연민의 첫 번째 문제는 '다른 사람에게 피해를 끼치는 존재가 된다는 것'[54]이라고 말했다.

"결혼한 이후에 늘 혼자였어요. 처음에는 눈물을 흘리며 참았지요. 집에 혼자 덩그러니 남아서."

"이런 기분을 느끼려고 결혼을 한 것은 아니에요."

이렇게 자신의 상황을 불행하게 생각하면서도 이혼할 생각은 하지 않는다.

세상에는 적극적으로 무엇인가를 할 생각은 하지 않고 늘 자신의 상황을 한탄하기만 하는 사람이 많이 있다. 그리고 동정을 구한다. 동정을 구할 때마다 자신은 혼자 설 수 없는 존재라는 자기 이미지를 강화한다.

불행 의존증 환자는 불행을 호소할 수 있는 상대를 잘못 선택한다. 불행을 팔면 상대는 이쪽을 기피하게 된다.

불행을 팔아 상대가 자신을 위로해 주는 경우는 어떤 경우일까? 상대가 자신을 사랑해 줄 때다. 사랑이 있어야 비로소 위로를 해줄 수 있다. 그렇지 않은 사람은 도망간다.

불행 의존증 환자는 그런 인간관계를 이해하지 못한다. 그들은 부모와 자녀의 관계를 제대로 체험한 적이 없다. 그들에게 생물학적인 부모는 있었지만 그들의 부모는 심리적으로 부모로서의 기능을 제대로 하지 못하는 사람들이었다.

그래서 성인이 된 이후에 상대하는 사람에게 부모 역할을 바라고 불행을 호소한다. 그러나 그런 행동은 상대에게 피해만 끼칠 뿐이다. 그 결과, "아무도 나를 이해해 주지 않아."라고 되뇐다.

불행 의존증 환자는 상대방의 입장에서 생각할 수 없기 때문에 그런 인간관계를 이해하지 못하는 것이다.

과거 속에 살기 때문에
전진할 수 없다

고민에 사로잡힌 사람에게는 '지금 이 순간'이라는 것이 없다. 자신의 개성도 상대방의 개성도 없다. 즉, 현재를 살고 있는 것이 아니다. 그들은 과거 어느 시기에 성장이 멈추어버렸다. 몸은 현재에 있지만 마음은 과거에 있다.

그렇기 때문에 불만만 토해낸다. "나는 즐겁다."고 말해야 사람들의 주목을 받는다. 그쪽이 호감을 얻는다. 하지만 불행 의존증 환자는 주변 사람들이 슬픔을 느끼는 대상에 매달린다. 그래서 호감을 얻기 위해 미움을 사는 언행을 한다.

눈물을 흘리며 주변 사람들에게 피해를 끼친다. 미움을 산다. 그런데도 눈물을 흘리며 호감을 얻으려 한다. 자신이 불행하다고 호소하는 것이 그 어떤 것보다 우선한다.

왜 "나는 즐겁다."고 말할 수 없는 것일까? 행복해질 수 있는 능력이 없기 때문이다. 증오가 존재하기 때문이다. 적대감이 존재하기 때문이다.

사람은 유년기와 소년기에 '어떻게 해야 사랑을 받을 수 있는가?' 하는 부분을 긍정적 경험을 통하여 배워야 한다. 그런데 자신의 약점을 과시하는 것으로 동정을 얻는 방식을 배워버리면 성인이 되어서도 그 버릇을 놓지 못한다.

불행 의존증 환자는 애정이 없는 가족 아래에서 성장했다. 하지만 "우리 어머니는 따뜻하고 훌륭한 분입니다."라고 말한다. 현실을 인정하지 않는 것이다. 집단 괴롭힘을 당하다가 자살한 아이가 "나를 괴롭힌 사람을 야단치지 말아주세요."라는 유서를 남기는 것과 마찬가지다. 다른 사람에게 미움을 사는 것을 극단적으로 두려워한다. 따라서 불행 의존증 환자에게는 주변 사람과의 마음의 교류가 없다.

심리적으로 건강한 사람은 애정이 넘치는 가정에서 성장했기 때문에 자신과 상대의 관계 속에서 상대를 생각할 줄 안다. 그래서 이것을 하면 좋은 것인지, 나쁜 것인지를 생각할 줄 안다.

그러나 불행 의존증 환자는 어린 시절부터 사람들과 괴로운 관계만 경험했다. 무슨 행동을 해도 야단을 맞을 뿐인 그런 인간관계였다.

그래서 이들은 다른 사람의 호감을 사기 위해 노력하다가 도리어 미움을 산다.

"사람들은 늘 운을 한탄하는 친구를 피하기 시작할 것이다."[55]

불행 의존증 환자와 이야기를 나누다 보면 가슴이 답답해지기 때문이다. 상대가 맥이 빠지는 이유는 불행 의존증 환자의 감추어진 공격성 때문이다.

누구나 감추어진 공격성을 드러내면 답답함을 느끼고 그 사람을 피하게 된다. 그러나 심리적으로 건강한 사람은 상대방에게 자신이 어떤 존재인지를 생각하고 행동하기 때문에 상대방으로 하여금 안심하게 한다. 그렇기 때문에 상대방은 그와의 교제를 즐겁게 생각한다.

심리적으로 건강한 사람은 상대방에게 자신이 친한 친구인지, 그저 그런 친구인지, 지인인지 잘 알고 있다. 서로가 어떤 관계인지 잘 이해하고 있다. 하지만 불행을 호소하는 사람, 나아가 일반적으로 고민에 빠져 있는 사람은 서로 납득하고 있는 인간관계가 없다. 서로 친한 친구인지, 연인인지, 사제 관계인지를 정확하게 구분하는 것이 서로 납득하고 있는 관계다.

불행을 호소하는 사람, 고민에 빠져 있는 사람은 자신의 마음대로 상대와의 관계를 결정한다. 그렇기 때문에 주변 사람에게 부담스러운 존재가 된다.

이들은 주변 사람들이 자신을 걱정해 주기를 당연하다는 듯 요구한다. "걱정해 줘서 고마워."라고 말할 줄 아는 사람이라면 주변 사람들에게 부담을 주는 존재는 되지 않는다. 또 "걱정해 줘서 고마워."라고 말하는 사람은 상대가 자신을 걱정해 주지 않아도 원망하지 않는다.

불행 의존증 환자는 "나는 힘들어!"라는 말로 상대를 암암리에 비난한다. 불행 의존증 환자는 그 사실부터 깨달아야 한다. 그 사실을 깨닫지 못하면 전진을 할 수 없다.

공포에 떠는 것보다
현재의 불행이 더 낫다

살해를 당할지도 모른다는 공포감에 떠는 것보다는 불행하더라도 현 상태로 있는 것이 훨씬 좋다.

'기억에 동결된 공포'[56]를 심어준 사람과 함께 있는 것보다는 불성실한 남편과 함께 있는 것이 훨씬 쾌적하다. 바람을 피우고 폭력을 휘두르며 생활비도 제대로 주지 않는 남편과 있는 쪽이 '기억에 동결된 공포'를 심어준 부모와 함께 있는 것보다 훨씬 마음이 편하다.

나치 강제수용소의 공포는 50년이 지나도 사라지지 않는다고 한다. '기억에 동결된 공포'이기 때문이다.

"그로 인한 결과, 신경의 경보 장치 스위치가 이상할 정도로 낮

아져 있다."[57]

'기억에 동결된 공포'를 없애야 한다. 물론 쉬운 일은 아니다. 《이솝 이야기》에 보면 사람은 각자가 다르기 때문에 자신을 잊어서는 안 된다는 취지의 이야기가 많이 등장한다. 그중에 〈당나귀와 개구리〉라는 이야기가 있다. 자신은 자신, 타인은 타인이라는 내용이다.

당나귀가 장작을 싣고 늪을 건너던 중 미끄러져 넘어져서 일어날 수 없게 되었다. 당나귀는 온몸이 젖어 슬픈 목소리로 울음을 터뜨렸다. 그러자 늪 안에서 살고 있던 개구리가 당나귀의 울음소리를 듣고 말했다.

"당나귀님, 한 번 넘어져서 물에 좀 젖었다고 그렇게 슬프게 울어대는 나약한 태도로는 살아갈 수 없어요. 나는 오랜 세월 동안 물속에서 생활하고 있다고요."

심리적으로 건강한 사람이 고민에 빠져 있는 사람을 보고 하는 말이 이것과 다를 바 없다. 심리적으로 건강한 사람의 심리가 바로 개구리의 심리다. 개구리의 입장에서는 괴로운 일이 아니더라도 당나귀의 입장에서는 괴로운 일이다.

불행 의존증 환자는 자신은 당나귀라고 의식하고 당나귀로서 살아가면 된다. 개구리를 향해 불행을 호소해도 길은 열리지 않는다.

5장 ————————————————————————————

자기 연민에서 빠져나와야
고민에서 벗어난다

자기 연민이란 무의식의 쾌락이다.
또 자기 연민은
부정적 감정에 집착하는 방식으로
타인을 조종하려 한다.

안전한 불행보다
성장의 고통을 선택해야 한다

사람이 성장하는 기쁨에는 고통이 수반된다. 그래서 성장의 고통보다는 불행을 선택하는 사람이 있다.

천재 시인인 칼릴 지브란Kahlil Gibran은 "기쁨, 고통, 슬픔은 함께 찾아온다."고 말했다. 그가 이 말을 인간의 성장에 관하여 한 것인지는 정확하게 알 수 없지만 일단 공감은 간다.

인간이 성장하는 길은 기쁨을 안겨준다. 성장하는 길을 걸으면 삶의 보람을 느낄 수 있다. 그러나 쉽지 않다. 곤란으로 가득 차 있고 불안감이 존재하기 때문이다. 그래서 도리어 불행으로 가는 길에 매달리는 사람이 등장한다.

불행에 대한 강렬한 바람이라고 하면 쉽게 납득하기 어려울지도 모른다. 다양한 예를 통해서 생각해 보자.

"인생을 살면서 터무니없이 무거운 짐을 들고 걸어가려고 끊임없이 노력하는 사람이 있다. 아무리 사소한 곤란도 크게 과장하고 장래에 대해서는 비관적인 견해만 가지고 있으며 아무리 기쁜 일이 있어도 카산드라의 절규만 내뱉는다."[58]

왜 그럴까? 불행에 대한 강렬한 바람은 애정 결핍에서 비롯된다. 연민에 대한 강렬한 바람이 존재하는 것이다.

자기 연민에 빠져 있는 사람은 늘 자신에 관한 이야기만 늘어놓는다. 한숨을 쉬는 이유는 주목을 받지 못하기 때문이다. 그는 동정을 구하며 고민한다. 고민에 빠져 있는 사람은 자신이 불행하면 원하는 것을 모두 손에 넣을 수 있다고 생각한다. 그리고 그가 바라는 것은 존경과 유아적 애정이다. 다른 것은 원하지 않는다. 그는 그 바라는 것을 손에 넣어야 그 후의 일을 생각한다.

불행에 대한 강렬한 바람을 가지고 있는 사람은 수동적이다. 그리고 항상 절망한 상태는 아니더라도 희망을 갖지 못한다. 그래서 살아갈 에너지가 없다. 물론 불행을 강렬하게 바라는 사람도 의식으로는 행복해지고 싶다고 생각한다. 입으로는 그렇게 말한다. 하지만 무의식은 불행을 강렬하게 바란다. 심리적 마조히스트는 무의식적으로 불행을 바란다.

그렇기 때문에 '죽어서도 불행을 놓지 않는 사람'이 나타난다.

술을 마시고 폭력을 휘두르고 바람까지 피우는 한심한 남편이 있다. 아내는 이혼을 하면 되는데 이혼을 하지 못한다. 그런 사람은 불만과 불안 중에서 불만을 선택하지만, 좀 더 깊이 표현하자면 불행과 행복 중에서 '불행'을 선택하는 것이다.

행복으로 가는 길을 선택하려면 성장해야 하고 엄청난 노력이 필요하다. 무엇보다 리스크가 크다. 고민에 사로잡힌 사람은 리스크를 감내할 바에는 불행으로 가는 안전한 길을 선택한다. 이것이 바로 퇴행 욕구다.

좋은 사람인 척
연기할 필요가 없다

남편에게 애인이 생겨서 이혼을 한 부인이 있다. 자기 연민에 빠졌다. 남편의 애인에 관한 이야기를 한 뒤에 그녀는 이어서 "저는 위자료를 한 푼도 받지 않았어요."라고 덧붙인다. 위자료를 받지 않았다는 말을 몇 번이나 되풀이하는 것으로 그녀는 자신이 얼마나 욕심이 없고 이상적인 인간인가를 강조한다. 타인을 향하여 자신의 슬픔을 호소하고 있는 것이다.

"헤어질 때에는 확실하게 위자료를 받는 것이 좋습니다."라고 말해주면 "저는 재산은 필요 없어요. 다만, 장래가 불안해요. 이것저것 정말 지쳤어요."라고 말한다. 자기 연민에 빠진 사람은 자신의 인생이 어디에서 잘못된 것인지 이해하지 못한다. 그녀에게 필요한 것은 인생에 대한 태도를 바꾸는 것이다. 즉, 정당한 권리를 요구하고 불안감은 떨쳐버려야 한다.

하지만 그녀는 자신이 얌전하고 이상적인 여성이라고 주장한다. 그러면서도 슬픔을 과장하는 것은 잊지 않는다. 그녀는 "저는 재산은 필요 없어요."라고 말하는 것으로 자신을 훌륭한 여성으로 보이려 한다.

이렇게 말하는 다른 원인은 어린 시절에 사랑을 받지 못했던 과거의 체험에 이끌려 자신은 많은 것을 바라지 않는다고 스스로 결정을 내려버리기 때문이다.

자신의 인생을 소중하게 여기는 방법을 배우려 하지 않는다. 아무도 그녀에게 자신의 인생을 소중하게 생각해야 한다고 가르쳐주지 않았다.

"저는 친척도 없지만 그대로 빈손으로 나올 수밖에 없었어요. 그래서 다른 사람 집에서 더부살이로 일하고 있어요."

그녀는 사람들의 동정을 구하며 자신의 슬픔을 호소한다. 귀여운 아이도 두고 나왔다. 그래서 아이를 만나러 갔다. 아이와 계모의 관계는 나쁘지 않았다. 아이는 계모를 잘 따르고 있었다. 그녀는 그 자리에서 울음을 터뜨리고 즉시 돌아왔다.

"좋은 어머니예요. 아이의 행복을 생각하면 잘되었다고 생각해요. 저, 마음속으로는 기뻤어요. 이제 와서 돌아갈 수도 없고….

제 자신의 입장을 충분히 이해하고 있어요."

마음속으로는 기뻤다는 그녀의 말은 반동형성이다. 반동형성은 마음과 정반대의 말을 과장하여 제시하는 것이다.

"좋은 어머니예요."라고 생각하는 게 아니라 사실은 강렬한 증오를 느끼고 있다. 그 증오의 감정을 억압하고 있는 것이다. 즉, 증오의 감정을 자신의 의식에서 무의식으로 몰아내고 있는 것이다. 반동형성에서 나오는 말이기 때문에 그녀는 "좋은 어머니예요."를 되풀이한다.

정말로 그렇게 생각한다면 그녀는 앞으로 전진할 수 있다. 전진하는 고통은 아들러가 말하는 '해방'과 '구원'으로 통한다.

그러나 반동형성이기 때문에 그녀는 같은 상황에 머물러 있으며 "왜 나만 이렇게 힘들어야 하지?" 하고 끊임없이 호소한다. 현재 자신이 놓여 있는 상황을 있는 그대로 받아들이고 앞으로 나아갈 생각을 해야 하지만 그런 긍정적인 생각은 하지 않는다.

"자기 연민은 그 사람이 나아가야 할 가장 바람직한 장소를 생각하는 대신, 같은 장소에 머물러 '왜 내가?'라는 질문만 끊임없이 던진다."[59]

그녀는 자신에 대해 너무 많은 말을 한다. 조지 웨인버그에 의하면 그것은 자기 연민에 빠져 있다는 증거다. 그녀는 언제까지나 자신의 슬픔을 늘어놓을 뿐 앞으로 자신이 어떻게 할 것인가에 대해서는 말하지 않는다.

자기 연민에 빠져 있는 사람은 이 여성처럼 슬픔을 호소하면 뭔가 결과가 나올 것이라고 생각한다. 그들은 그렇게 호소를 하면 누군가가 자신을 사랑해 주고 보호해 줄 것이라고 생각한다. 수동적인 태도를 유지한다.

그들에게는 자신의 능력으로 인생을 개척하려는 의욕이 결여되어 있다. 그러나 그녀의 입장에서 보면 '의욕이 결여되어 있다'는 객관적인 표현은 부적절하다. 어린 시절부터 자신을 부정하는 사람들과 끊임없이 싸우다가 진이 빠져버린 것이기 때문이다. 그녀의 입장에서는 더 이상 정면으로 맞서 싸울 수 없을 정도까지 내몰린 것이다. 따라서 자기 연민은 보이지 않는 마지막 저항이다.

수동적 태도를 버려야
트러블이 사라진다

고민에 빠진 사람은 자신을 인정받으며 살아온 사람은 상상도 할 수 없을 정도로 처절한 싸움을 하면서 살아왔다. 그러나 객관적으로 표현하면 그들은 수동적인 사람이다. 그래서 카렌 호나이는 "사랑이 모든 것을 해결해 준다고 기대하는 것은 신경증이다."라고 했다.

수동적이기 때문에 아무것도 아닌 것을 심각한 곤란으로 생각한다. 수동적이기 때문에 스트레스가 증가한다. 곤란한 상황에 놓이기 때문에 수동적이 되는 것이 아니라 수동적인 태도와 사고방식이 곤란을 부르는 것이다. 수동적인 태도가 모든 일을 곤란한 문제로 만들어버린다.

하버드대학 의학부 심신의학연구소 소장이었던 허버트 벤슨 Herbert Benson이 편집한《The Wellness Book》이라는 책에 스트레스를 잘 견디는 사람의 특징으로 네 가지의 C가 제시되어 있다. 네 가지의 C는 Control통제감, Challenge도전감, Commitment몰입감, Closeness친밀감다.[60] 수동적인 사람은 이 네 가지의 C가 하나도 갖추어져 있지 않다.

조지 웨인버그가 자기 연민은 '막다른 골목'이라고 말한 것도 그것이 가진 수동적 성격 때문이다. 카렌 호나이도 신경증 환자의 욕구불만에 대한 반응의 하나로 '자기 연민'을 들었다.[61]

무엇인가 자신이 생각한 대로 일이 풀려나가지 않으면 욕구불만 상태가 되어 자신은 심각한 상처를 받았다고 느낀다. 자신이 피해를 받았다고 느낀다. 자기 연민에 빠진다. 그럴 경우, 자신이 가해자임에도 불구하고 자신은 피해자라고 생각한다.

예를 들어 자신이 독선적인 요구를 해서 트러블을 일으켜 놓고 "나는 이 트러블 때문에 이렇게 야위었다."는 식으로 불쌍함을 과시한다.

조지 웨인버그는 자기 연민의 확실한 징후는 자신만 생각하는 것이라고 말했다. "나는 이렇게 고민하고 있다."는 식으로 자신의 문제만 생각하는 것이다.

다른 사람을
부러워할 필요 없다

남편이 너무 바빠서 시간을 낼 수 없다고 고민하는 여성들이 많이 있다. 남편이 "매일 밤 11시, 12시나 되어야 돌아온다."고 한숨을 내쉰다. 그런 여성은 대부분 다른 사람의 결혼 생활이 자기보다 훨씬 행복하다고 생각한다.

"이웃 사람 이야기를 들어보면 모두 오후 4시 정도면 저녁 식사를 준비해야 한다고 해요. 남편이 저녁 7시 정도면 돌아온다는 뜻이지요. 오늘 저녁 식사로 무엇을 준비해야 좋을지 모르겠다고 이야기하는 것을 보면 정말 부러워요."

그리고 끊임없이 자신의 상황을 한탄한다.

조지 웨인버그는 자기 연민에 관하여 "늘 자신의 상황에 대하

여 한숨을 내쉬고 슬픔을 호소하는 사람이 있다."고 말했다.[62]

조지 웨인버그에 의하면 한숨을 내쉬고 슬픔을 호소하는 것은 그녀가 자기 연민에 빠져 있는 증거라고 한다. 자기 연민이란 무의식의 쾌락이다. 또 자기 연민은 부정적 감정에 집착하는 방식으로 타인을 조종하려 한다.

카렌 호나이는 분노에 대한 반응을 약간 과도하게 단순화하면 세 가지로 분류할 수 있다고 한다.[63]

첫 번째는 육체적인 컨디션이 들쑥날쑥하다.

두 번째는 '도저히 용서할 수 없다'고 복수심을 가지는 것이다.

세 번째는 불행이나 자기 연민을 강조하는 것이다.[64]

세 가지 반응 중에서 '자기 연민을 강조한다'는 것이 가장 이해하기 어렵다. 그러나 이것은 분노에 대한 반응의 하나다. 자기 연민의 배후에는 공격성이 교묘하게 감추어져 있다. 즉, 자아의 가치가 박탈당한 것에 대한 마지막 저항이다. 자신을 인정해 주지 않았던 사람들에 대한 보이지 않는 증오의 발산이다.

자기 연민에 빠져 있는 사람은 다른 사람을 부러워한다. 즉, 질투와 시기를 한다. 질투는 자기 연민의 배후에 존재하는 심리다. 자기 연민의 배후에는 질투와 시기가 감추어져 있는 것이다. 질투와 마찬가지로 자기 연민도 수동적인 공격성이다.

자기 연민의 특징 중 하나는 다른 사람의 좋은 환경에 주의를 기울이고 자신과 타인을 비교하는 것이다. 이것은 신경증의 특징이기도 하다.

따라서 자기 연민에 빠져 있는 사람은 "다른 사람의 밝은 측면에만 주목하지 말고 본인의 혜택받은 측면에도 주목해야 합니다."라고 말해주어도 그렇게 하지 못한다. '다른 사람의 밝은 측면에 주목한다'는 것은 자신을 불쌍하게 만들기 위해 필요한 것이기 때문이다. 즉, 그 사람에게 있어서 무의식의 필요성이다. 증오의 감추어진 표현이다.

자신의 어두운 측면과 타인의 밝은 측면을 비교하고 그 부분에 주목하는 것은 그 사람의 모순된 심리의 표현이다. 그것은 동시에 "너는 좋겠다."라는 말과 같다.

자기 연민을 중심으로 발생하는 이런 심리는 모두 그 사람의 모순된 심리가 토해내는 절규다. 사랑과 증오의 감추어진 표현이다. 자기 연민은 의존적 적대감의 간접적 표현이다. 의존과 경의敬意라는 모순을 동시에 표현하려면 자기 연민에 빠지는 수밖에 없다.

감추어진 증오를 표현하기 위한 절망적인 노력이 자기 연민이다. 대체적으로 논리에 맞지 않는 감정을 표현하는 경우는 모순된 감정을 표현하고 있을 때다. 모순된 한쪽의 감정은 집착하는 사람에 대한 증오이며 적대감이고 공격성이다.

이것이 카렌 호나이가 말하는 감정적 맹목성이다. 기본적으로는 성장 욕구와 퇴행 욕구의 모순되는 갈등을 표현하고 있다. 말을 하지 않거나 불쾌한 태도를 보이는 심리도 마찬가지로 모순을 표현한다. 불쾌한 태도를 보이는 사람은 싫어하는 상대로부터 떠날 수 없다. 싫어하는 사람으로부터 칭찬을 받고 싶어 한다.

자신의 존재를 인정받으면서 성장한 사람의 입장에서는 상상하기 어려운 심리다. 자신의 존재를 인정받으면서 성장한 사람은 마음속에 힘을 갖추고 있다. 따라서 감정적 모순이 없으며 심리적으로 통합되어 있다. 하지만 인정받지 못하고 성장한 사람의 마음속에는 빈자리가 존재한다.

자신의 마음의 빈자리를
이해해야 한다

조지 웨인버그는 "불가능해."와 "어떻게 해볼 방법이 없어."라는 두 가지 표현은 자기 연민의 확실한 징후라고 말한다.[65]

자기 연민에 빠져 있는 사람의 문제는 사람들의 동정을 얻기위해 노력하지만 그 기대가 이루어지지는 않는다는 것이다. 어른이 되어서도 "나는 이렇게 힘들어. 도저히 어떻게 해볼 방법이 없어."라는 말을 되풀이하는 사람에게 동정을 하는 사람은 없다. 그래서 자기 연민에 빠져 있는 사람의 기대가 이루어질 수 없다는 것이다.

"인정해 주겠지." 하고 기대했는데 오히려 무시당했을 때 깊은 상처를 입는다. 그 결과 증오의 감정이 끓어오른다. 그 증오라는 감정의 간접적인 표현으로 더욱 자신의 불행을 과시한다. 그럴 때마다 증오의 감정은 강화된다.

조지 웨인버그의 말처럼 사람들의 동정심은 자신의 상황을 줄곧 한탄하고 슬퍼하는 사람에게 머물지 않는다. 결국 자기 연민은 다른 사람에게 '피해'를 끼치는 것이다.[66]

자기 연민에 빠져 있는 사람에게는 이것이 고통이다. 칭찬받을 것을 기대했는데 무시를 당하면 불쾌한 기분에 젖을 수밖에 없다. 마찬가지로, 동정을 기대하고 자기 연민에 빠진 행동을 했는데 상대방이 떠나가 버릴 때에는 심각하게 침울해진다.

그러나 유감스럽게도 상대방의 입장에서 보면 자기 연민에 빠진 사람의 반복되는 언행은 피해다. 그들이 떠날 경우, 자기 연민에 빠진 사람은 틀에 박힌 말, 즉 "아무도 나를 이해해 주지 않아."를 되뇔 수밖에 없다. 조지 웨인버그는 "아무도 나를 이해해 주지 않아."라는 말은 세상에서 가장 많이 되풀이되는 말 중 하나라고 했다.[67]

자기 연민의 두 번째 특징은 항상 '막다른 골목'에 몰려 있다는 것이다.[68] 자기 연민에 빠진 사람은 언제까지나 자신의 불행을 늘어놓을 뿐 '앞으로 나는 어떻게 할 것'이라는 말은 일체 하지 않는다.

"그것은 어떻게 해볼 방법이 없다고 생각하는 데에 원인이 있다. 그리고 그런 생각을 계속 강화한다. 수동적이다. 이런 태도는 재기를 하는 데에 아무런 도움이 되지 않는다. 당신은 자신을 어떻게든 바꿀 수 있다. 단, 조건이 있다. 자신을 불쌍하게 여기는 생각을 버려야 한다는 것이다."[69]

맞는 말이다. 그러나 '자신을 불쌍하게 여기는 생각을 버리는 것'이 정말 어렵다. 왜냐하면 '자신을 불쌍하게 여기는 것'의 배후에는 공격성과 적대감이 존재하기 때문이다. 자신의 존재를 인정하지 않았던 사람들에 대한 증오를 무의식으로 몰아넣을 수는 있어도 완전히 없애기는 어렵다.

"만약 자기 자신으로 있을 수 없다면 차라리 악마가 되는 것이 낫다."[70]

데이비드 시버리가 한 이 말에는 깊은 의미가 있다.

자기 연민에 빠져 있는 사람은 악마도, 자기 자신도 되지 못하고 자기 연민에만 빠져 있다. 자신의 존재를 인정하지 않았던 사람들에 대한 공격성이나 적대감을 해소하는 것은 매우 어려운 일이다. 그러나 인생을 개척하려면 그것을 의식화하고 뛰어넘어야 한다.

자기 연민에 빠져 있는 사람은 일정 기간 자신의 불행을 입에 담지 말아야 한다. 그 기간 동안 금단 증상이 나타날 수도 있다.

불행을 과시하지 않고는 도저히 견딜 수 없는 상태가 되었을 때, 자신이 다른 사람으로부터 어느 정도나 동정을 원하고 있는지 확인해야 한다. 또 어느 정도나 사람들을 증오하고 있는지를 확인해야 한다.

이 부정적 감정은 자신에 대한 중요한 정보이며 이것을 바탕으로 자신이 어떤 사람인지를 이해할 수 있다. 자신을 이해할 수 있어야 어떤 노력을 해야 하는지 그 방향성이 보인다.

자신은 사랑받고 자라지 못했기 때문에 안도감이 없다는 사실을 이해해야 한다. 유아적 욕구가 충족되지 않은 채 유아적 욕구를 포기하도록 강요를 받았던 자신의 마음의 빈자리를 이해해야 한다.

그렇게 하면 자신은 어머니라는 단어는 알고 있지만 어머니다움을 갖춘 어머니를 체험한 적이 없다는 사실도 보인다. 그리고 자신에게는 어머니라는 이름의 타인이 존재했을 뿐이었다는 사실도 이해할 수 있다.

동정받고 싶은
갈망을 이해해야 한다

"동정을 받고 싶어 할 때마다 그는 동정에 대한 자신의 욕구를 강화한다."[71]

"그렇게 힘들어?"라는 말을 더 듣고 싶어 한다. 그리고 보다 더 진심으로 이야기해 주지 않으면 불만을 느낀다. 그러나 성인 세계에서 사소한 문제에 관하여 일일이 그렇게까지 진심으로 동정해 주는 사람은 없다.

자기 연민은 결국 불만과 적대감으로 끝난다. 그리고 "아무도 나를 이해해 주지 않아."라는 말을 되뇌게 된다. 그리고 그 말은 사실이다. 아무도 그 사람의 고통을 그 사람이 기대하는 만큼 이해해 주지 않으니까.

자기 연민에 빠져 있는 사람은 다른 사람에게 '좀 더' 진지한 동정을 받고 싶어 한다. 그리고 모든 사회적 책임으로부터 해방되고 싶어 한다. 심리적으로 갓 태어난 유아가 되어 무책임하게 행동하고 싶어 하면서 다른 한편으로는 훌륭한 사회인으로서 평가를 받고 싶어 한다.

"아무도 나를 이해해 주지 않아."라고 말하는 사람은 자기만 갓 태어난 채로의 갓난아기로 있을 수 있는 특별한 권리를 가지고 있다고 생각한다. 다른 사람에게는 없는 자기만의 그 특별한 권리를 다른 사람들을 대상으로 요구하는 것이 자기 연민이다.

"그는 동정에 대한 호소 이외에 아무런 노력도 하지 않기 때문에 인생을 헛되이 만들고 있는 것이다."[72]

조지 웨인버그의 말이다. 왜 동정받으려는 행동 외에 아무런 노력도 하지 않는 것일까? 그것은 그가 그 이상으로 필요하다고 생각하는 것이 없기 때문이다. 동정만이 그에게 만족을 안겨주기 때문이다. 사람들이 자신의 괴로운 마음을 이해해 주는 것만이 심리적인 만족감을 안겨주기 때문이다.

다른 사람의 입장에서 보면 마음만 먹으면 얼마든지 멋진 인생을 펼칠 수 있는데 인생을 왜 그렇게 헛되이 보내는 것인지 이해하기 어렵다.

객관적으로 보면 빛나는 인생을 보내는 데에 장애가 되는 것은 아무것도 없다. 장애가 있다면 본인의 마음속에 존재하는 퇴행 욕구뿐이다. 그리고 그에 부수되는 공격성이다.

저기에 멋진 인생이 있다. 그것을 손에 넣으려고 노력할 경우, 지금 설명한 대로 객관적으로는 아무런 장애도 없다. 그러나 그런 인생을 찾아갈 기력이 없다. 그래서 전진할 수 없다. 눈앞에 맛있는 요리가 있어도 식욕이 없으면 먹고 싶은 생각이 들지 않는다.

자기 연민에 빠져 있는 사람은 증오가 해소되어야 비로소 전진할 수 있다. 따라서 고민에 사로잡힌 사람은 우선 자신의 퇴행 욕구나 유아적 갈망을 인지해야 한다.

거짓 사랑에 빠지는 것을
경계해야 한다

자신의 퇴행 욕구나 유아적 갈망을 의식하면 적어도 질 나쁜 사람에게 휘둘릴 기회는 줄어든다. 퇴행 욕구로 살고 있는 사람일수록 거짓 사랑에 빠지기 쉽다. 자신을 따뜻하게 대해주는 사람을 좋은 사람이라고 착각하기 때문이다.

아이를 유괴하는 범인은 "나는 유괴범이다."라고 말하면서 아이에게 접근하지 않는다. 아이가 원하는 것을 가지고 접근한다. 질 나쁜 사람은 퇴행 욕구에 매달려 살고 있는 사람이 원하는 것을 가지고 나타난다. 그 미끼에 달려들면 당연히 올가미에 걸리게 된다. 그리고 평생 노예처럼 살아갈 수도 있다.

비즈니스 현장에서 이상할 정도로 친근함을 강조하는 사람이 있다. 심리적으로 건강한 사람은 "이런 비즈니스 현장에서 개인적으로 친하다는 것을 굳이 강조할 필요는 없는데…."라고 의문스럽게 생각한다. 하지만 자기 연민에 빠져 있는 고독한 사람은 상대방이 개인적인 친근함을 강조하면 곧이곧대로 받아들여 즉시 속아 넘어간다.

사랑에 굶주려 있으면 "나는 당신과 개인적으로 친한 사이니까 당신에게는 특별히 전력을 다할 것이다."라는 말을 들을 경우, 상대방이 정말로 따뜻하게 대해줄 것이라고 생각한다. 그 결과 질 나쁜 이성에게 속거나 질 나쁜 비즈니스 관계자에게 속아 인생을 휘둘리며 살게 된다.

앞에서도 설명했듯 자기 연민에 빠져 있는 사람이 기대하는 동정은 현실 세계에서는 얻을 수 없다. 그 때문에 결과적으로는 주변 사람에 대해 증오의 감정을 강화한다. 이런 일이 계속 반복된다. 자기 연민에 빠질 때마다 마음속에 존재하는 무의식의 공격성은 강화되는 것이다.

즉, 자기 연민에 빠져 있는 사람은 결과적으로 동정을 바라는 대상에게 적대감과 증오를 품는다. 동정을 바란다는 것은 사랑을 바란다는 것이기도 하다. 자신이 적대감을 가지고 있는 사람에게 사랑을 구한다는 것이다. 그러나 적대감이 존재하는 이상, 순수한 사랑을 바라기는 어렵다. 직접적으로 사랑을 바랄 수도 없다.

불행을 과시하는 간접적인 표현으로 사랑을 바랄 뿐이다. 따라서 마음속의 모순만이 강화될 뿐 심리적인 만족감은 얻을 수 없다.

"만약 당신이 하나의 핸디캡을 보완하기 위해 최선을 다해 노력한다면 재미있는 일이 발생할 것이다. '이 결점만 아니라면 모든 것이 잘될 거야'라는 식으로."[73] 그리고 핸디캡을 제거할 수 있을지는 모르지만 "전보다 자신을 더 싫어하게 될 것이다."[74] 웅변을 잘하기 위해 필사적으로 노력했던 데모스테네스처럼 대웅변가가 된 이후에 더 깊은 고민을 하게 되는 것이다.

이것이 내가 말하는 데모스테네스 증후군이다. 데모스테네스는 R 발음이 정확하지 않았는데 눈물겨운 노력으로 당대 최고의 웅변가가 되었다. 현시대에는 상상할 수 없을 정도의 커다란 성공을 거두었지만 그는 결국 왕을 탄핵하려다 실패하고 도망다니다가 잡히기 전 자살했다.

그리스·로마 시대에는 웅변이 가치가 있었다. 그는 성공하는 과정에서 점차 열등감이 심해졌고 증오심이 강화되었다. 성공을 향해 노력을 하게 된 동기가 열등감과 증오심이었기 때문이다.

인정받고 싶다는 동기에 의해 행동하면 더욱 인정받고 싶어진다.

독선적인 행동은
이해받을 수 없다

　자기 연민 그 자체가 증오의 간접적 표현이다. 좀 더 동정받고 싶다, 좀 더 나의 고통을 이해해 주기를 바란다는 절규다. 자기 연민은 "내가 이렇게 힘들다는 사실을 이해해 줘."라는 절규다. 그리고 그런 자신을 이해해 주지 않는 사람들에 대한 불만이며 증오다.

　상식적으로 볼 때 독선적인 어떤 행동을 해놓고도 다른 사람들이 "그렇게 힘들었군요. 그렇다면 그것도 무리가 아니지요."라는 말을 해주기를 바란다. "그것도 무리가 아니지요."에서 '그것'은 자기 연민에 빠져 있는 사람의 무책임한 행동, 독선적인 행동이다.

자기 연민은 자신을 예외로 대해 달라는 절규다. 그렇게 힘이 드니까 "내가 이렇게 독선적인 것도 무리가 아니에요."라는 주장을 하는 것이다. 자신의 무책임이나 자기중심성을 정당화하는 것이 자기 연민이다. "내 인생은 이렇게 힘이 드니까 내게는 일반적인 책임을 기대하지 말아주세요."라는 뜻이다.

자기 연민은 '자신을 특별한 존재'로 이해해 주기를 바란다. "보통 사람과 똑같이 취급하지 말아주세요."라는 요구다. 자신의 특별한 입장을 이해해 달라는 요구다.

현실 세계에서는 그것이 통하지 않기 때문에 자기 연민은 한층 더 강해진다. 그 결과 그는 더욱 고립되고 마음의 질병은 점차 심각해진다. 증오의 감정도 강화된다.

넓은 의미에서 보면 자기 연민 역시 '자유로부터의 도피'다. 그들은 인생을 살아갈 책임을 지려 하지 않는다. 그래서 "나는 이렇게 불행하다."는 자기 연민을 내세워 책임을 회피한다.

자기 연민에 빠진다는 것은 자유로부터 도피하여 극단적인 정치사상으로 달리는 것과 심리적으로 비슷하다.

또한 자기 연민에 빠진다는 것은 알코올의존증 환자가 되는 것, 이단 종교에 빠지는 것, 극단적인 민족주의로 달리는 것, 획일주의적인 인간이 되는 것, 파괴주의자가 되는 것 등과 본질적으로 같다.

도박에 빠지느냐, 자기 연민에 빠지느냐의 차이일 뿐이다. 자기 연민에 빠져 있는 사람은 자유롭게 다룰 수 있는 짐을 굳이 어깨에 잔뜩 짊어지고 마음속으로 비명을 지르고 있는 것이다. 의존증에 해당하는 자기 연민은 쉽게 치료하기 어렵다.

타인의 평가에
흔들리지 않는다

에리히 프롬은 '복종'과 '적대감'은 동전의 앞면과 뒷면이라고 말했는데, 일상생활에 비유하면 '영합'과 '적대감'이 동전의 앞면과 뒷면이라고 말할 수 있다.

자기 연민은 자립을 하지 못한 것이다. 혼자 설 수 없기 때문에 다른 무엇인가에 매달리는 것이다. 본질적으로는 "누가 좀 도와줘!"라는 절규다. "도와줘!" 하고 절규하고 있는데 무시당하기 때문에 상처를 입고 적대감을 가진다.

'의존'과 '적대감'이라는 관계도 마찬가지다. 자기 연민에 빠져 있는 사람은 자립할 수 없기 때문에 도움을 바란다. 하지만 '도움을 바란다'는 사실을 아무도 알아주지 않는다. 그래서 "아무도 나

를 이해해 주지 않아."라고 한탄한다. "나는 이렇게 힘들어. 그러
니까 더 이상 내게 아무런 요구도 하지 마."라는 뜻이다.

만약 자기 연민에 빠져 있는 사람이 부모의 입장이라면 어떻
게 될까? 주변 사람들은 "당신은 부모니까 부모로서의 책임을 다
해야 합니다."라고 말하겠지만 그는 그런 말을 들으면 화가 치밀
어 오른다. 지금 내 삶을 제대로 살아가기도 벅찰 정도로 힘이 드
는데 더 이상 무엇을 하라는 말이냐고 분개한다. 혼자 살아가기
도 힘이 드는데 부모의 책임을 요구하는 것은 무리라고 항변한
다. "사회인이니까 사회적 책임을 져야 한다."는 말을 해주어도
아무 소용이 없다.

자기 연민에 빠져 있는 사람은 "그렇게 힘든 상황이라니, 당신
은 특별하니까 이해합니다."라는 말과 함께 사회적 책임을 면제
해 주기를 바란다.

자기 연민에 빠져 있는 사람의 요구는 어떤 의미에서 카렌 호
나이가 말하는 신경증적 요구이기도 하다. 신경증적 요구의 특징
중 하나는 "그에 걸맞은 노력을 하지 않고 그것을 요구한다."는
것이다.

존경이나 관심을 받고 싶다면 그에 걸맞은 노력을 해야 한다.
그러나 지쳐 있기 때문에 노력은 하기 싫고 존경이나 관심은 받
고 싶다. 사람들에게 관심을 받고 싶다. 주목을 받고 싶다. 상처

를 입고 소리 지르면 주변 사람들도 "괜찮아?" 하고 주의를 기울여준다. 모든 화제는 자기중심으로 돌아가야 한다. 주변 사람들에게 호감을 얻고 싶다. 자신을 특별한 사람으로 대우해 주기를 바란다. 느낌이 좋은 사람이라는 인상을 얻고 싶다.

요컨대 어린아이다. 그러나 그는 어린아이로 취급당하는 것이 아니라 존경받을 만한 사회인으로 취급당하고 싶어 한다. 설사 어린아이처럼 취급당하더라도 주변 사람들이 중요한 사람이라고 생각해 주기를 바란다.

심리적으로는 어린아이이면서도 주변 사람들이 훌륭한 성인으로, 한 사람의 사회인으로서 높은 평가를 해주기를 바란다. 실제로는 어엿한 성인이 아니지만 그 이상의 인간으로 대우해 달라고 요구한다. 그렇게 하지 않으면 더 이상 살아갈 수 없는 상태에 몰려 있기 때문이다.

이 모순을 해결하려면 어떻게 해야 할까? "사실 내게는 다른 사람과 달리 이런 고통이 있습니다."라는 자신의 특별한 사실을 받아들이는 수밖에 없다. 자신이 드러내는 태도의 원인과 책임을 자신의 운명으로 돌리면 된다.

따라서 자기 연민에 빠져 있는 사람은 "자기 연민이라는 과정을 통해서 나는 무엇을 지키려 하는 것일까, 무엇을 얻으려 하는 것일까."를 진지하게 생각해 보아야 한다.

그들은 낮은 평가로부터 자신을 지키려 한다. 그리고 높은 평가를 받으려 할 뿐이다. 정확하게 말하면 자아의 가치를 박탈당하지 않기 위해 자신을 지키려는 것이며, 그 결과 다른 사람의 평가를 더욱 간절하게 원한다. 즉, 자신이 어떻게 느끼는가 하는 문제는 고려하지 않는다.

자신의 인생이지만 '나'라는 축이 없다. 그만큼 열등감이 심각하다는 의미이며, 그만큼 '고립과 추방'의 공포 안에서 살아왔다는 의미다. 지금 실제로 '고립'과 '추방'의 공포에 노출되어 있는 것이 아니라 어린 시절에 고립과 추방을 체험했기 때문이다.

어린 시절 고립과 추방이 두려워서 자신을 인정해 주지 않는 사람을 따랐다. 그것이 고민의 원점이다. 고립과 추방을 두려워하던 사람은 무엇을 잃었을까? 어린 시절의 체험을 기준으로 그 이후의 기나긴 인생을 헛되이 낭비해도 좋을까? 그는 무엇을 잃었는가? 성장할 수 있는 능력과 자신의 긍정적인 감정을 잃은 것이다.[75]

우연이나 운을
핑계 삼아서는 안 된다

신경증을 앓는 남녀가 서로를 원하여 하나가 된다. 결코 우연히 하나가 되는 것이 아니다. 신경증이 없는 남자는 신경증을 앓는 여자를 선택하지 않는다. 신경증이 없는 여자는 신경증을 앓는 남자를 선택하지 않는다. 연인이 되는 경우에도 우연이 아니라 서로를 원하여 하나가 된다.

정신분석 의사 에드먼드 버글러Edmund Bergler는 이런 종류의 문제는 임상을 실시해 본 결과 분명한 사실이라고 증명했다.[76]

지금까지의 인간관계가 결코 우연히 형성된 것이 아니라 자신이 원해서 형성된 관계라는 사실을 인정하는 것은 괴로운 일이다. 질 나쁜 여자와 사랑에 빠진 것은 자신도 질 나쁜 남자이기 때문이라는 사실을 인정하는 것이다. 그러나 그것을 인정하지 않으면 새로운 출발은 없다. 마음에 드는 사람이 아니라 성실한 사람을 찾아야 한다.

알코올의존증 환자와 이혼을 한 사람은 50%의 확률로 알코올의존증 환자와 재혼한다.[77] 알코올의존증은 진저리가 난다고 생각하면서도 다시 알코올의존증 환자와 재혼하는 것이다.

심리적으로 병이 든 남성에게 끌리는 여성도 마찬가지로 심리적으로 병이 들어 있다. 그렇기 때문에 심리적으로 병이 든 남성에게 끌리는 것이다.

우연이나 운을 핑계 삼아서는 안 된다. "우연히 그렇게 되었다."고 해석하는 한, 새로운 인생을 개척할 수 없다.

"책임 회피는 당신에게 구원받을 가능성이 없다고 믿게 한다. 그래서 당신은 포기라는 경지로 들어가 숙명적인 체념을 느끼기 시작한다."[78]

불안과 공포를 억압하며
살아왔음을 받아들인다

고민에 사로잡혀 있는 사람, 자기 연민에 빠져 있는 사람은 오랜 세월 동안 위협을 받아왔다. 어릴 때부터 "그런 행동을 하면 큰일 난다."라는 말을 들으며 살아왔다. 그리고 실제로 큰일이 일어나지 않아도 늘 두려움에 떨면서 살아왔다.

늘 고민에 사로잡혀 있는 사람, 늘 한탄하는 사람은 사자 우리 안에서 살아온 것과 같다. 사자에게 잡아먹히지 않으려면 성실하게 순종하는 수밖에 없다.

그렇기 때문에 '성실 의존증'에 걸린다. 불안과 공포로부터 벗어나기 위해 성실하게 행동한다. 상대방을 사랑하기 때문에 성실한 것이 아니다. 사회적으로 무엇인가 공헌을 하기 위해 성실한 것도 아니다. 성실하게 행동하는 동기가 사회로의 귀속 의식도 아니다.

정서적으로 미성숙한 부모의 입장에서는 자녀를 위협하는 것만큼 자신의 힘을 체감할 수 있는 것은 없다. 자신의 위협에 의해 겁을 먹거나 노력을 하는 자녀를 보는 것만큼 마음이 치유되는 것도 없다. 자녀를 사자 우리에 던져넣고 "그런 짓을 하면 잡아먹힌다."는 위협을 한다. 자녀의 겁먹은 모습이 부모에게는 마음의 치유가 된다.

물론 이런 것은 모두 무의식에 의해 이루어진다. 부모는 의식적으로는 그것을 '교육'이라고 합리화할지 모르지만 무의식적으로는 결국 자신의 마음을 치유하고 있는 것이다.

사랑을 받지 못한 가정에서 성장한 사람은 개성화 과정에서 그런 불안과 공포가 가중된다. 그 불안과 공포로부터 "이렇게 하지 않고는 견딜 수 없다."는 성실 의존증을 비롯한 다양한 의존증에 걸린다.

위협을 받는 자녀는 부모에게 순종만 하면 불안과 공포로부터 벗어날 수 있다고 믿는다. 불안과 공포는 뼛속까지 스며든다. 그러나 뼛속까지 스며든 불안과 공포는 의식되지 않는다. 그것은 공기 같은 것이기 때문이다.

그는 불안과 공포라는 공기를 들이마시면서 성장한다. 마음은 사자에게 위협을 받는 감옥 안에 있지만 자신이 감옥 안에 있다는 사실을 의식하지 못한다. 태어났을 때부터 사자 우리 안에 있으면 그것이 자신이 살아야 할 세상이라고 생각한다. 그러나 무의식에 자리한 공포감은 상상을 초월할 정도로 심각하다. 그것이 억압이다. 불안과 공포 때문에 고통을 받으면서도 불안과 공포를 의식하지 않는다. 불안과 공포는 꿈에도 나타난다. 또는 일상생활에서 변장을 한 모습으로 나타난다.

아들러가 분노는 변장을 잘한다고 말했지만 불안과 공포도 변장을 잘한다. 불면증이라는 증상으로 나타나는 경우도 있고 자율신경실조증이라는 증상으로 나타나는 경우도 있다. 그리고 분노와 마찬가지로 불안과 공포도 고민의 다양한 형태로 변장하여 나타난다. 늘 고민에 빠져 있는 사람은 분노뿐 아니라 불안과 공포도 억압하고 있다.

그것이 아들러가 바람직하지 않은 성격의 하나로 예를 든 과민증hyper sensitiveness이다. 신경이 지나치게 과민해진다. 다른 사람의 비판에도 지나치게 과민해진다. 사람들의 아무렇지 않은 말에 과민 반응을 보이고 아무 뜻 없는 말에 불쾌감을 느낀다. 갑자기 기분이 나빠진다. 주변 사람들이 놀라지만 기분이 나빠진 본인은 스스로 자신의 감정을 조절할 수 없다.

상대로부터 기대한 대답이 돌아오지 않으면 그 순간 불쾌해지고, 다음 순간 침울해진다. 칭찬을 받으면 기대감에 부풀고 칭찬을 받지 못하면 의기소침해진다. 환영을 받을 것이라 기대를 했는데 조금이라도 그 기대에 미치지 않으면 침울해진다. 그 순간 의욕을 잃는다.

지나치게 과민한
이유가 있다

공포감을 깨닫지 못하는 이유는 마음이 사자 우리에 들어간 상태에서 성장했기 때문이다. 언제든 나를 공격할 수 있는 사자와 같은 공간에 있으면 사자가 조금만 움직여도 흠칫 놀랄 수밖에 없다.

어린 시절부터 위협을 받으며 성장한 사람이 상대방의 언행에 지나치게 과민 반응을 보이는 것은 당연하다. 자기부재自己不在 상태이기 때문에 모든 것을 상대방의 태도에 맞추는 것이다. 그들에게는 '나'가 존재하지 않는다.

사자 우리에 넣어져 성장한 사람은 신경이 지쳐 있다. 그렇기 때문에 참을성이 없다. 신경이 소모되어 버렸고 불안과 공포에 휩싸여 살아갈 에너지를 모두 빼앗겨 버렸다. 이미 완전히 소모되었기 때문에 무슨 일이건 참고 버텨낼 수가 없다. 살아갈 에너지가 없지만 두렵기 때문에 늘 초조하고 신경은 과민 상태에 빠져 있다.

지나치게 과민해서 견뎌낼 수 없다. 아들러가 말하듯 그것이 부정적인 두 가지 성격이다. 과민 상태와 참을성 부족, 이 두 가지 성격은 마음이 사자 우리 안에서 성장했기 때문에 발생하는 당연한 결과다.

그들은 사자 우리 안에서 끊임없이 긴장하며 성장했다. 세상은 공포로 가득 차 있다. 누구를 대하더라도 잔뜩 긴장할 수밖에 없다. 누구에게도 마음을 털어놓을 수 없다. 물론 사자를 상대로 마음을 털어놓을 수도 없다.

사자와 함께 살아왔더라도 그 사자가 두렵게 느껴지지 않았다면 이야기는 다르다. 그러나 '잡아먹힌다'는 위협을 받으며 살아온 사람은 항상 자신을 둘러싼 세상에 잔뜩 긴장하여 대비 태세를 갖춘다.

사자에게 웃음을 보이고 영합하는 한편 사자에게 잡아먹히지는 않을까 하는 두려움에 긴장을 한다. 그러다 보면 사자 우리 안에서 불안과 공포에 떨며 살면서도 무서운 사자를 의식하지 않는다. 사자에 대한 공포감이 억압되어 있는 것이다. 공포감은 무의식으로 쫓아버렸다.

이것이 중요하다. 자신이 두려운 상황에 둘러싸여 있지만 그것을 깨닫지 못한다. 그리고 결과적으로 '주변 세상에 대해 잔뜩 긴장하는 태도'를 갖추게 된다. 이런 태도는 사자에 대한 공포감을 억압한 결과로 나타난 것이다.

잔뜩 긴장하고 살아가는 사람의 무의식에 존재하는 사자에 대한 공포감은 주변 사람들에게는 보이지 않는다. 그럴 경우 사람들은, "저 사람은 왜 저렇게 늘 불안한 모습으로 긴장하고 있는 거야?"라며 의문을 가진다. 이해할 수 없는 것이다. 주변 사람들에게도 본인에게도 보이지 않는 공포감, 그것이 그 사람의 마음을 지배한다.

앞에서 설명한 불행 의존증도 그렇다. 불행 의존증 환자는 자신이 공포감에 둘러싸여 있다는 사실을 의식하지 않는다. 공포감을 무의식으로 쫓아낸 결과가 불행에 매달리는 심리다.

불행을 놓아버리면 무의식의 공포감이 의식으로 나타날지도 모른다. 그래서 두려운 공포감을 차단하기 위해 불행에 매달린다. 공포감을 의식하는 것보다 자신이 불행하다고 생각하는 쪽이 심리적으로는 훨씬 편하다. 불행을 주변 사람에게 내보이고 동정을 구하면 정말로 무서운 공포감으로부터 신경을 끊을 수 있다.

불행 의존증 환자는 얼마든지 불행한 상태에서 빠져나올 수 있지만 목숨을 걸고 불행한 상황에 매달린다. 그것은 목숨을 걸고 공포감에서 벗어나려 하는 것과 같다.

불행에 대한 강렬한 갈망도 마찬가지다. 불행하면 공포감에서 눈을 돌릴 수 있다. 자기 연민을 설명하면서 불행에 대한 강렬한 갈망을 잠깐 언급했듯 불행에 대한 강렬한 갈망은 강렬한 애정 결핍이고 동정에 대한 강렬한 갈망이다. 그와 동시에 공포감으로부터의 필사적인 도피다. 공포에 맞서는 것은 그 정도로 두려운 일이다.

현실이 즐겁고 행복함에도 불구하고 불행에 매달리는 사람은 무의식에 강렬한 공포감이 존재하는 사람이다. '즐겁다'고 생각하면 그 순간 억압되어 있던 공포감이 의식으로 떠올라 버린다.

감추어진 공포감은 즐거움을 누릴 능력을 파괴한다. 이유 없이 초조한 사람도 마찬가지다. 그는 공포감으로부터 벗어나고 싶은 것이다. 조용히 있으면 공포감이 의식으로 떠오를 것 같은 느낌 때문에 더 불안해진다.

슈퍼맨이 아니라도
살아갈 수 있다

이유 없이 초조해하는 사람에게 "초조해하지 마!"라고 말하는 것은 칼을 들이대며 죽이겠다고 말하면서 "안심해!"라고 덧붙이는 것과 같다. 상대를 위협하면서 겁먹은 상대에게 "안심해도 돼. 두려워할 이유는 아무것도 없어."라고 말하는 것과 같다.

따라서 이유 없이 초조해하는 사람에게 "초조해하지 마!"라고 말하면서 초조감이 없어지기를 바라는 것은 무리다. 맹수로부터 필사적으로 도망치려 하는 사람에게 초조해하지 말라고 말하는 것도 의미 없다. 초조해하는 원인은 맹수에게 잡아먹힐지도 모른다는 공포감이다.

그런 사람은 강하지 않으면 살 수 없다고 생각한다. 강하지 않으면 죽을지도 모른다고 생각한다. 슈퍼맨이 아니면 살아갈 수 없다고 생각한다.

그렇게 생각하는 이유는, 현실적으로는 비합리적인 사고로 보이지만 심리적으로는 합리적인 사고 때문이다. 감정적 합리성과 현실적 합리성은 다르다. 현실적으로는 '죽을' 가능성이 없을지 모른다. 그러나 위협을 받는 사람의 입장에서 죽을지도 모른다는 공포감은 절대로 거짓이 아니다.

죽을지도 모른다는 공포감은 감정적 합리성으로 보면 충분히 근거가 있다. 그 공포감을 무의식으로 억압한다. 그것이 '의존'과 '공포'다. 의존하는 대상으로부터 살해당할지도 모른다는 공포감을 느낀다. 그래서 그것을 무의식으로 쫓아낸다. 하지만 무의식으로 쫓아냈다고 해서 결코 사라지는 것은 아니다.

그 사람의 감정을 무의식이 조종한다. 그렇기 때문에 불면증에 걸리는 것이다. 밤에 왜 잠을 잘 수 없는 것일까? 잠을 잘 수 없는 현실적 합리성은 어디에도 없다. 잠을 잘 수 있는 조건은 모두 갖추어져 있다. 그러나 잠을 잘 수 없는 사람이 있다. 불면증 때문에 우울증에 걸리는 사람도 있다. 무의식의 공포감에 감정이 지배당하고 있는 것이다. 무의식 세계에서는 어떻게 해야 좋을지 알 수 없는 공포감이 활개를 치고 있다.

주변 사람들을 적으로
느끼지 않는다

미국의 사회심리학자 고든 올포트Gordon Willard Allport는 자신을 싫어하는 사람은 주변 사람들을 모두 적으로 느낀다고 말했다. '위협 지향성'이 높은 사람인 것이다.

위협 지향성이 높은 사람은 비관주의에 빠진다. "그런 행동을 하면 큰일 난다."라는 위협을 받으며 살아왔기 때문이다.

그들의 성장 과정에서 현실은 '적'이고, '위협'이었다. 성장기에 안도감을 경험하지 못한 사람은 '곤란 공포증'에 걸린다. 객관적으로는 전혀 곤란하지 않은 것도 위협 지향성이 높은 사람의 입장에서는 곤란하게 받아들여진다.

위협 지향성이 높고 심리가 불안정한 사람은 당연히 "기가 죽어서 세상에 맞설 수 없다."[79] 기죽지 않고 세상에 맞서는 것은 '두려워하지 않는다'는 것이다.

올포트는 위협 지향성의 부산물이 편견이라고 했다. 이 위협 지향성은 관용적인 분위기가 갖추어져 있는 가정에서 자란 아이보다 그렇지 않은 가정에서 자란 아이가 더 강하다. 위협 지향성은 관용적인 환경에서 자란 아이에게는 비교적 적은 비율로 관찰된다.

"관용이 갖추어진 가정에서 자란 아이는 환영을 받고, 인정을 받으며, 무엇을 해도 상관없다는 자유를 마음껏 누린다. 심한 벌이나 이해하기 어려운 벌을 받은 적이 없고 언제 어느 순간에 머리 위에서 부모님의 불호령이 떨어질지 모른다는 두려움이나 경계심을 가지지 않아도 된다."[80]

대학생이 되어 대인공포증에 걸린 사람이 있다. 이야기를 나누어 보니 고등학교 시절에는 '세계를 정복하겠다'거나 '세계 연방을 만들겠다'는 생각을 했다고 한다. 그렇게 생각하는 방법 이외에는 현실과 맞설 수 있는 방법이 없었다는 것이다.

대인공포증에 걸리기까지 현실적인 두려움은 없었지만 사회인이 된 이후에 사회적으로 위대해지지 않은 상태에서는 현실에 맞서지 못하는 사람이 있다. 사회적으로 위대해지지 않은 상태에서는 인간관계를 자연스럽게 형성하지 못하는 사람이 있다. 마음의 지주가 전혀 없기 때문에 외부의 무엇인가가 자신의 마음을 지탱해 주지 않으면 사람을 상대할 수 없는 것이다.

그런 사람에게 현실은 적이다. 따라서 그런 현실로부터 자신을 방어해야 한다. 현실이 적이라는 것은 현실이 공포로 가득 차 있다는 의미다. 나르시시스트는 살인자들에게 둘러싸인 세계에서 살고 있다. 베란 울프는 '현실은 아군'이라는 표현을 사용했는데, 그렇게 느낄 수 있기 전에는 위협 지향성이 높은 사람의 고민은 해소되지 않는다.

스스로를 증오하는 사람에게는 주변이 모두 적이다. 그는 "이렇게 하지 않으면 주변 사람들은 나를 인정하지 않아."라고 느끼며 살아왔다. 그것은 괴로운 인생이다. 주변은 늘 적들뿐이고 아무도 자신을 지켜주지 않는다. 사소한 결점만 있어도 비난을 당하고 인정을 받지 못한다.

살아남으려면 결점이 있으면 안 된다. 결점이 있는 사람으로는 살 수 없다. 언젠가 살해당할 것이다. 그들은 정서적으로 그런 세계에서 살아왔다.

있는 그대로의 자신을 인정받지 못하는 세상에서 살아온 사람과 있는 그대로의 자신을 인정받는 세상에서 살아온 사람에게 현재 살고 있는 세상은 전혀 다르다.

앞에서 "자신을 증오하는 사람은 주변 사람을 모두 적으로 느낀다."라고 설명했는데, 겉보기에는 매우 친근하게 지내는 경우도 있다. 그 사람의 심리 세계에서 주변이 적이라는 뜻이다.

오랜 세월 동안 가면을 쓰고 살다 보면 스스로 '진정한 자신'을 싫어하게 된다. '진정한 자신'을 부끄럽게 생각하게 된다. 자신을 속이고 살다 보면 '진정한 자신'은 어떤 존재인지 스스로도 잘 모르고, 평가할 수 없는 상황에 빠진다.

그래서 더욱 타인의 평가를 바란다. 그 때문에 타인의 한 마디에 깊은 상처를 입는다. 반대로 타인에게 칭찬을 받으면 자신감이 생길까?

타인의 말에 상처를 받기 쉬운 사람은 타인의 평가에 의해 자신감을 얻을 수도 없다. 가면을 쓰고 있을 때 타인에게 칭찬을 받아도 '실제 자신'이 평가를 받은 것은 아니라는 사실을 본인이 누구보다 잘 알고 있기 때문에 진정한 자신감은 생기지 않는다.

자신감은 훈장으로 얻을 수 있는 것이 아니다. 자신감은 생산적으로 살아야 얻을 수 있다. 가면을 쓰고 산다는 것은 비생산적으로 산다는 뜻이다. 가면을 쓴 상태에서는 성공을 하건 실패를 하건 자신감을 얻을 수 없다.

자신에 대한 부정적인
암시를 깨닫는다

데이비드 시버리는 "자기 자신에게 걸려 있는 부정적인 암시를 깨닫는 데에서 치료는 시작된다."[81]고 말했다. 문제는 '깨닫지 못한다'는 것이다. 깨달으면 대처 방법도 나온다. 싸울 자세도 갖출 수 있다. 그러나 깨닫지 못하기 때문에 아무것도 하지 않는 것이고 아무것도 할 수 없다.

"광기狂氣에 찬 인간은 어떤 인연을 만드는 데에도 완전히 실패했기 때문에 격자 창문 안에 들어가 있지 않을 때에도 마치 감옥에 들어가 있는 것과 같이 생각한다. 생활을 하면서 타인과 인연을 맺고 관계를 가지려 하는 것은 피할 수 없는 욕구이며 그것을 충족시킬 수 있어야 인간으로서의 정기正氣를 유지할 수 있다."[82]

에리히 프롬은 "격자 창문 안에 들어가 있지 않을 때에도 마치 감옥에 들어가 있는 것과 같이 생각한다."고 했는데, 여기서의 격자 창문이 바로 내가 말하는 사자 우리다.

현실은 사자 우리에 들어가 있는 것이 아니지만 자신의 마음이 사자 우리에 들어가 있다. 이것이 노이로제 환자의 상상이다. 노이로제의 특징은 상상과 강박이다. 강박이란 성격에 모순을 포함하고 있는 것이다. 아들러가 말하는 '용기'란 이 감옥을 나오는 것이다. 사실은 아무도 감옥에 들어가 있지 않기 때문이다. 노이로제 환자나 우울증 환자는 사실 때문에 고민하는 것이 아니다.

"우울증은 암보다 고통스럽다."고 말했다가 비난을 면치 못한 유명한 배우가 있는데, 그것이 마음의 고통의 특징이다. 암은 현실적인 고통이지만 우울증은 마음의 고통이다. 어느 쪽이 더 고통스러운가 하는 것은 문제가 아니다. 커피와 맥주, 어느 쪽이 맛있는가 하는 논의를 벌여도 의미는 없다.

노이로제는 현실적인 고통이 아니라 마음의 고통이다. 그리고 마음의 고통은 감정의 '습관병'이기도 하다. '어떤 인연을 만드는 데에도 완전히 실패'하는 이유는 억압이 존재하기 때문이다. 즉, 개성화 과정에서 발생하는 불안과 공포를 억압하고 있는 것이다.

마음의 갈등에 정신이 얽매여 있기 때문에 상대에 대한 배려나 이해가 없다. 카렌 호나이가 말하는 기본적 불안이 존재하는 것이다. 사랑할 능력이 없는 것이다. 그는 마음의 족쇄를 풀 수 없다.

'어떤 인연을 만드는 데에도 완전히 실패'할 정도로 심각한 실패는 없다. 사업가가 창업을 했다가 실패하거나 젊은 사람이 시험에 불합격하는 등의 실패는 이 실패에 비교하면 실패라고 부를 만한 가치조차 없을지 모른다.

반대로 '어떤 인연이건 그 인연을 만드는 데에 완전히 성공'한다는 것은 인간에게 있어서 가장 바람직한 성공이다. 행복과 연결되는 성공이기 때문이다. 이것에 성공하면 행복해질 수 있다. 그러나 거부를 구축하는 데에 성공했다고 해도 그것이 행복과 연결된다는 보증이 없다. 정말로 '중요한 것은 공포나 혼란을 처리하는 방식이다.'[83]

6장

마음이 성장해 온 역사를 이해한다

자신을 올바르게 이해하는 것이
자신에게 너그러워지는 것이며
상대를 올바르게 이해하는 것이
상대에게 너그러워지는 것이다.

편한 것보다
행복을 선택해야 한다

사람의 행동이 의존적인 성향을 띠게 되는 이유는 불안하기 때문이다. 앞에서 말한 이혼하지 못하는 사람처럼, 불만과 불안 중에서 불만을 선택하기 때문에 의존적인 삶을 살게 된다.

이것은 인간관계에만 해당되는 이야기가 아니다. 우울증에 걸릴 때까지 부장이라는 지위에 집착한 회사원도 마찬가지다.

사람은 '안심'과 '행복' 중에서 '안심'을 선택한다. 그러면서도 '나는 행복을 바란다.'고 생각한다. 행복론의 착각이다. 자신을 올바르게 이해하지 못하는 것이다. 사람은 의식적으로는 행복을 바라지만 무의식적으로는 안심을 바란다. 그리고 무의식 쪽의 힘이 더 강하다.

'불안을 피한다'는 것과 '행복을 피한다'는 것은 같은 의미다. 불안을 피하기 때문에 행복을 피하게 되는 것이다. 불행에 집착한다고 하면 있을 수 없는 말이라고 생각할지 모르지만 불행에 집착하는 이유는 불안을 피하고 싶어 하기 때문이다. 필사적으로 불안을 피하고 있는 것이다. 개성화 과정에서 수반되는 불안, 자기실현 과정에서 수반되는 불안, 그런 불안들을 피하려 하는 행동은 정서적으로 미성숙한 사람에게 매우 당연한 심리다.

이 책은 불안을 피하려 하면 '이렇게 된다'는 내용으로 꾸며진 것이다. 몇 년 동안 아무리 열심히 "행복해지고 싶어."라고 이야기해도 행복해지지 않는다. 진심으로 행복해지기 위해 노력한다면 뜻밖으로 간단히 행복해질 수 있다는 사실을 이 책을 통해서 깨닫기 바란다.

의식하고 있는 자신이 '진정한 자신'이라면 이 책은 읽을 필요가 없다. 그러나 유감스럽게도 의식하고 있는 자신은 진정한 자신이 아닌 경우가 많기 때문에 고민에서 빠져나오기 어렵다.

"힘들어!" 하고 절규하는 사람은 자신이 주변 사람을 비난하고 있다는 사실을 깨닫는다면 해결의 실마리를 찾을 수 있다. 하지만 직접적으로 상대를 비난하기보다 "나는 힘들어!"라고 절규하는 쪽이 심리적으로 훨씬 편하다.

따라서 "심리적으로 좀 더 편한 행동을 하고 있다."는 자신의 현실을 인정해야 한다. 현실적인 자신과 맞서는 것은 싫다. 그렇기 때문에 다른 누군가가 고민을 해결해 주기를 바라지만 그것은 무리다.

불행 의존증 환자는 정말로 싫은 사람을 "나는 저 사람을 싫어한다."고 인식하지 않는다. 그 억압이야말로 고민의 가장 큰 원인이다. 그런데도 고민의 원인을 남겨둔 채 고민을 해결해 달라고 요구하는 것이 늘 고민에 빠져 있는 사람의 요구다.

조지 웨인버그는 '억압 행동은 그 진실로부터 몸을 지키는 방법'이라고 말했다.

감추어진 분노의 크기를
이해해야 한다

　이 책의 가장 중요한 포인트는 자신의 감추어진 분노의 크기
가 어느 정도인지를 깨닫는 것이다. 왜 이렇게까지 자기 연민에
빠져 있는지, 왜 이렇게까지 고민에 빠져 있는지, 왜 이렇게까지
다른 사람을 부러워하는지, 그 진정한 동기를 깨닫는 것이다.

　"고민하지 않겠다."는 결심도 중요하지만 결심만으로는 별 효
과가 없다. 고민하게 되는 원인부터 이해해야 한다. 의식에서 '하
자.'고 생각하는 것을 그 사람 자신이 정말로 '하자.'고 생각하고
있는지는 의문이다. 의식에서 '하자.'고 생각하는 것을 또 하나의
영역인 무의식에서는 '하고 싶지 않아.'라고 생각하고 있는지도
모른다.

현재의 자신을 올바르게 이해하면 길은 열린다. 즉, 현재의 자신이 왜 이렇게 느끼는 것인지, 왜 이런 행동을 하려는 것인지 그 원인들을 올바르게 이해할 수 있으면 길은 저절로 열린다.

원인을 올바르게 이해한다는 것은 자신이 고유의 존재라는 자각과 통하기 때문이다. 그런 자각을 할 수 있으면 인생에 대한 올바른 태도를 취할 수 있다.

늘 격려를 받으며 성장해 온 사람과 늘 욕을 먹으며 성장해 온 사람이 있다. 스무 살이 되었을 때, 두 사람은 전혀 다른 성격을 가지게 된다. 쉰 살이 되었을 때에는 전혀 다른 사람이 되어 있을지도 모른다.

격려하는 사람과 동정을 바라는 사람은 전혀 다르다. 격려하는 사람은 시간이 흐를수록 사람을 사랑하는 능력이 배양되고, 심리적으로 자립하여 문제 해결 능력이 강화된다. 반대로 동정을 구하는 사람은 시간이 흐를수록 심리적으로 다른 사람에게 의존하게 되고 문제 해결 능력은 더욱 떨어진다.

앞서 '불행에 대한 강렬한 갈망'이나 '희생적인 역할에 매달린다' 하는 식으로, 상식적으로는 이해하기 어려운 말들이 등장했다. 그리고 마지막에는 '불행이라는 방에 들어가 거기에 자물쇠를 잠그고 있는 사람'에 관해서도 이야기했다.

희생적인 역할에 매달리는 사람이 있다. 주변 사람들은 그에게 그 희생적인 역할을 기대하지 않는데도 그는 희생적인 역할을 놓지 않는다. 심리적으로 건강한 사람의 상식으로는 불행에 매달리는 사람을 이해하기 어렵다.

사랑받지 못하고 성장한 사람은 죽어서도 다른 사람으로부터 주목을 받고 싶어 한다. 사랑받고 성장한 사람으로서는 이해하기 어려운 심리다.

인간을 합리적인 지성만으로 해석하기는 어렵다. 이 책은 자신과 상대를 복수의 관점에서 이해하기 위해 씌어진 것이다. 자신을 올바르게 이해하는 것이 자신에게 너그러워지는 것이며 상대를 올바르게 이해하는 것이 상대에게 너그러워지는 것이다.

지금까지 충분히
잘 살아왔다

직접적으로 표현할 수 없는 분노는 불행의 과시라는 간접적인 형태로 표현된다. 불행을 과시하는 과정을 통하여 증오의 감정을 배출하는 것은 베란 울프가 말하는 '퇴각退却 노이로제'다.

현실을 피한다. 현실에서 퇴각한다. 몸집만 커진 어린아이 같은 행동이다. 현실에 직면할 수 있는 용기는 자신을 올바르게 이해하는 데에서 나온다. 자신을 올바르게 이해하면 자신의 위대함을 깨닫게 되고 자신을 수용할 수 있다.

다른 요트는 폭풍우가 칠 때 기항할 수 있는 항구가 있었다. 그러나 '나'라는 요트는 바다에 폭풍우가 몰아쳐도 기항할 항구가 없다. 그런데도 조난당하지 않고 지금까지 버텨온 요트가 '나'라는 요트다. 이런 내가 바로 불행 의존증 환자다. 항구가 있는 요트와 항구가 없는 요트를 비교해서는 안 된다. 불행 의존증 환자가 지금 살아 있다는 사실은 그 자체만으로 대단한 것이다.

자신은 불행 의존증이라는 방에 갇혀 있고 밖에는 자물쇠가 채워져 있다고 생각하는 사람은 우선 자기 분석을 해야 한다. 지금까지 어떻게 살아왔는지 생각해 본다. 지금 자신이 진정으로 무엇을 바라고 있는지 생각해 본다. 그렇게 하면 자신이 이제껏 '외톨이로 살아왔다'는 사실을 깨닫게 될 것이다. 불안과 공포에 겁을 먹고 살아왔다는 사실을 깨닫게 될 것이다. 그리고 "지금 나는 무엇을 바라고 있는가?" 하고 생각해 본다.

지금 내가 바라는 것은 도움이다.

여기까지 깨닫는다면 앞길이 밝다. '나는 도움을 바라고 있다'는 사실을 분명하게 의식화하는 것은 의미가 매우 크다.

고민을 하고 있을 때에는 고민을 하는 것이 심리적으로 가장 편하기 때문에 고민을 간단히 멈출 수는 없다. '의존과 적대감', '의존과 공포', 그리고 '의존과 고독'이라는 세 가지가 한 덩어리가 되어 있는 것이 의존심이다. 도움을 바라지만 도움을 받을 수 없을 때에 느끼는 고독이 있다. 이 고독감도 적대감이나 공포와 마찬가지로 억압당한다.

무의식의 필요성에 휘둘려 고통받는 사람은 이 세 가지 심리를 깨달아야 한다. 자신이 성장한 가정에서는 가족이 가족으로서 제 기능을 하지 않았다. 도움이 필요한 시기에 아무도 도와주지 않았다. 그래서 혼자 살아왔다. 그 강렬한 불안과 공포는 무의식에 각인되어 있다.

인생은 '사람은 누구나 행복을 바란다'고 쉽게 표현하는 것처럼 간단하지 않다. 불안과 공포에서 벗어나고 싶은 것이 1순위이고 행복은 2순위, 3순위다. 육체적 학대는 몸에 상처가 남기 때문에 학대를 받았다는 사실을 외부 사람들도 쉽게 알 수 있다. 그러나 마음의 상처는 눈에 보이는 것이 아니다. 따라서 마음의 상처는 본인밖에 알 수 없다. 마음의 상처는 모성적 보호를 잃었을 때뿐 아니라 정서적으로 학대를 받는 경우에도 생길 수 있다. 마음에 상처가 있는 사람은 가족이라는 이름의 감옥 안에 갇혀 있었다. 자유를 빼앗겨 올바르게 성장하지 못했다.

모성적 보호를 받으며 성장한 사람은 폭풍우가 몰아칠 때 기항할 수 있는 항구가 있다. 마음의 항구가 있다. 그러나 마음에 상처가 있는 사람은 바다 위에서 폭풍우가 몰아쳐도 피할 수 있는 항구가 없다. 성인이 되어서도 마음의 항구는 없다.

그런데 지금까지 잘 살아왔다. 당연히 조난당했어야 했지만 조난당하지 않고 지금까지 살아왔다. 그것은 정말 대단한 일이다. 자신의 이런 위대함을 깨달아야 한다.

현재 위치를 확인해야
자신을 극복할 수 있다

과거를 돌이켜 보고 "이것을 깨달아서 다행이야."라는 생각이 든다면 자신을 극복할 수 있다. '자신을 극복한다'는 것은 스스로를 깨닫는다는 의미다.

위장병에 걸려 "그 음식을 먹지 않았더라면…." 하고 고민하지만 사실 고민하는 원인은 그것을 먹었다는 문제가 아니다. 주변 사람이 싫은 것이 문제다. 그 싫어하는 마음이 위장을 망가뜨려 불쾌한 느낌이 들었기 때문에 표면적으로 위장병의 형태로 드러난 것이다.

오랜 세월 동안 후회를 하며 살아왔다. 의식하지 못하는 인내가 계속 이어졌다. 어떤 체험에 의해 그것들이 모습을 드러낸다.

지금 자신이 고민하고 있는 것은 정말 그렇게 고민해야 할 문제일까? 지금 자신이 후회하고 있는 것은 정말 그렇게 후회해야 할 문제일까? 지금 자신이 큰일이라고 생각하는 것은 정말 그렇게 큰일일까? 그것은 단순히 어떤 자극에 의해 뇌내 검색이 되어서 출력된 과거의 감정이 아닐까? 그리고 유아기에 체험한 슬픔을 지금 다시 체험하고 있는 것은 아닐까?

성인이 된 이후에 마음의 질병에서 회복하려면 자신을 이해해야 한다. 자립하기 위해서도 자신을 이해해야 한다. 자신을 모르면 '저 사람의 언행은 따라 하지 말아야겠다.'고 생각하는 사람의 언행을 따라 하게 된다. 토끼, 너구리, 사자처럼 자신이라는 존재를 정확하게 이해하면 상대를 부러워하지 않고 망설임 없이 자신의 길을 갈 수 있다.

무엇을 배우고 무엇을 배우지 말아야 할까? 자신을 모르면 여기에서부터 잘못을 저지른다. 자신을 알려면 현재 감정의 원천을 이해해야 한다. 그렇게 하려면 불쾌한 슬픔이나 외로움 등의 부정적 감정이 자신을 이해하기 위한 정보로서 얼마나 소중한가 하는 사실을 이해해야 한다.

불쾌해졌을 때 왜 불쾌해진 것인지 생각해야 한다. 그렇게 해야 자신을 볼 수 있다. 과거의 불만을 의식하는 것은 나쁘지 않다. 그러나 그것을 다른 사람에게 하소연하듯 이야기하지 말아야 한다.

앞으로 한 달만이라도 좋으니 다른 사람에게는 그런 말을 하지 말아보자. 노트에 적는 것은 괜찮다. 그러나 다른 사람에게는 이야기하지 않는다.

다른 사람에게 이야기하지 않으면 금단증상이 나타날 것이다. 그때 자신의 현재의 위치를 알 수 있다. 자신이 어떤 사람인지를 이해할 수 있다.

작은 실천을 통해서
감정을 쌓아나간다

오늘 하루는 마지막까지 정말 좋았다고 생각하며 살아가는 태도가 중요하다. 이 행복을 지속해야겠다고 생각하면 고민으로 연결된다. 연애도 마찬가지다. 오늘 하루를 최선을 다해 살아가면 그것이 결과로 이어진다. 오늘 하루만 있으면 된다. 내일은 생각하지 않는다.

'돈을 모으자'는 마음과 비슷한 자세로 살아가면 심리적으로 이상이 발생한다. 오늘을 최선을 다해서 살아간다는 것은 돈을 모으는 자세와는 다르다. 오늘 하루 행복하게 살 수 있었던 자신, 행복해질 수 있도록 열심히 살아낸 자신, 우울증 환자는 그런 자신을 자랑스럽게 느끼지 않는다.

현재가 중요하다는 것은 현재의 사소한 것, 작은 것을 이어가는 것이다. 그렇게 계속 이어가다 보면 장래에 나름대로 결과가 있을 것이라고 생각하는 사람은 현재의 작은 것들을 지속할 수 있다. 지속적으로 쌓아나가다 보면 깜짝 놀랄 결과가 만들어진다.

예를 들어, 매일 신에게 기도하는 사람은 기도를 하는 과정을 통하여 신을 믿게 된다. 신에게 기도를 한다는 '행동'이 믿음을 낳는다. 행동 그 자체가 감정을 만들어내는 것이다. 믿을 때까지 기도를 하지 않는다면 아무리 시간이 지나도 믿을 수 없다. 늘 고민에 빠져 있는 사람은 아무도 믿지 않는다. 우선 믿는 행동을 해보자, 작은 것을 쌓아나가는 것으로 사람은 행복해진다. 우울증에서 회복하려면 작은 만족을 쌓아나가야 한다. '만족이 없다'는 것이 우울증 환자의 공통된 증상이다.[84] 우울증 환자는 퇴행 욕구를 충족시키기 위해 그릇된 길로 접어들 수밖에 없었다.

사람은 흔히 부정적 사고를 가진 사람을 질책하지만 부정적 사고는 감추어진 분노의 간접적 표현이다. 마음속에 분노가 쌓여 있기 때문에 긍정적 사고를 하려고 해도 안 되는 것이다. 그것이 에이브러햄 매슬로가 말하는 '검은 칼'이며 퇴행 욕구다. 검은 칼을 받아주는 사람이 있으면 거기에서 에너지가 나온다.

사람은 우선 퇴행 욕구에 해당하는 기본적인 욕구가 충족되어야 비로소 성장할 수 있다.

감정을 배출하고
한 걸음 더 나아간다

다른 해결 방법은 없을까? 인간관계를 형성할 때의 방법을 바꾸어야 한다. 기분이 나쁘면 나쁘다고 말한다. 그것이 중요하다. 사람은 그때그때의 불만을 해결하지 않으면 전진할 수 없다.

고민에 사로잡혀 있는 사람은 주변과 커뮤니케이션 관계가 형성되어 있지 않다. 그러나 감정을 배출할 수 있는 친한 사람을 만든다면 해결할 수 있다. 대화를 나눌 때 편안함을 느낄 수 있는 인간관계를 만들 수 있다면 구원받을 수 있다.

오랜 세월 동안 만나고 있어도 대화가 불편한 사람이라면 편하지 않은 사람이다. 우울증 환자는 주변의 많은 사람들을 불편한 사람이라고 느낀다. 아이라면 아버지에게 "놀자."고 말하지 못한다.

"우울증 환자는 자신이 사랑받을 가치가 없기 때문에 사랑받지 못하는 것이라고 믿는다."[85]

얼굴이 창백해질 정도로 열심히 노력에 노력을 거듭하며 살고 있으면서도 늘 주위로부터 "너는 무능한 인간이야."라는 말을 들으면서 살아온 우울증 환자도 있다. 이런 우울증 환자는 어떻게 해야 좋을까?

우울증 환자가 심리적으로 건강해지려면 현재의 인간관계를 바꾸어야 한다. 그는 주변의 '훌륭한' 사람들에 의해 썩은 만두를 '맛있는 만두'로 알고 먹어왔다. 그래서 배탈이 난 사람들이다. 자신의 배가 아플 때 "만두가 썩었어."라고 생각하지 않고 "나의 장이 나쁜 거야."라고 생각하며 자신을 책망해 온 사람이다. 그리고 주변 사람들로부터 "너는 장이 나쁘니까 무능한 인간이야."라는 말을 들어온 사람이다.

이런 사람은 주위에 있는 '훌륭한' 사람들과 헤어지지 않는 한, 언제까지고 배탈이 난 상태다. 어린 시절부터 이런 훌륭한 사람들을 상대했기 때문에 그들과 헤어지는 것은 쉽지 않은 일이다. 그러나 우울증 환자가 행복하게 살 수 있는 길은 그들과 헤어지는 수밖에 없다.

불행을 호소하는 사람이 스스로를 구하려면 "나는 당신들이 싫어."라는 자신의 감정을 인정해야 한다. 또 자신은 상대를 믿지 않는다는 사실도 인정해야 한다. 불행 의존증 환자는 아무도 믿지 않는다. 믿지 않기 때문에 증오를 품는 것이다.

불행을 호소하는 사람은 증오와 불신의 한가운데에 서서 힘들다고 절규한다. 그렇기 때문에 행복해질 수 없다. 불행 의존증 환자에게 필요한 것은 '싫다'는 자신의 인생의 축을 '좋다'는 축으로 바꾸는 것이다. 이것이야말로 혁명이라는 이름에 어울리는 마음의 혁명이다.

'좋다'로 바꾼다는 것은 좋아하는 사람들과의 인간관계를 만드는 것이다. '다시 태어난다'는 것은 현재의 인간관계를 바꾸는 것이다. 이것은 나폴레옹의 알프스 원정만큼 어렵다. 따라서 자신을 먼저 올바르게 이해해야 한다.

불행 의존증이나 우울증 환자를 포함하여 일반적으로 고민에 사로잡힌 사람은 "힘들어!", "괴로워!" 하고 소란을 피울 뿐 해결하려 하지는 않는다. 그것을 인정하면 자신이 바라는 것이 무엇인지 보인다. 자신이 바라는 것은 퇴행 욕구의 만족 또는 어머니다움을 갖춘 어머니라는 사실을 이해할 수 있게 된다.

"저는 어머니를 존경합니다."라거나 "저는 아버지를 존경합니다."라는 말은 하지 말아야 한다. 자신에게 거짓말은 하지 말아야 한다. "저는 이렇게 불행합니다."라는 '진정한 자신'의 마음을 이해하면 자신이 보인다.

그렇게 하기 위해 동굴 일기를 쓴다. 인간이 동굴 안에서 살았던 태고 시대로 돌아가는 것이다. 그 동굴 속에서의 인간의 감정을 일기를 통해서 해방시키는 것이다. 인간의 원시적 감정을 해방하기 위한 일기다. 누구에게 보이려는 것이 아니니까 진실만을 쓴다. 그것이 자신을 극복할 수 있는 첫 번째 수단이다.

솔직함이란 현실을 인정하는 것이다. 현실을 부인하지 않는 것이다. 열심히 노력해 성공한 사람이 우울증에 걸리거나 자살하거나 좌절하는 이유는 현실을 부인하기 때문이다.

마음의 역사를 공부해서
행복을 붙잡는다

이 책을 통해서 자신은 무엇을 목적으로 삼고 있으며 왜 그렇게 고민하고 있는 것인지 이해할 수 있다면 정말 다행스러운 일이다. "저는 고민하고 싶지 않은데 자꾸 고민을 하게 됩니다."라고 단순하게 믿어버리면 고민이 해결되지 않는다. 의식과 무의식의 바람은 반대인 경우가 있다.

고민하는 과정을 통하여 무의식 영역에서 끌어안고 있는 마음의 갈등을 해결하고 있다는 사실을 이해할 수 있다면 앞길은 밝다. 자물쇠가 걸린 고민의 방에서 나오려면 의식이 갈망하는 배후에 존재하는 무의식의 욕구를 이해해야 한다.

늘 고민에 빠져 있는 사람, 늘 한숨만 내쉬는 사람에게 있어서 고민은 의식의 요청이 아니라 무의식의 요청이다. 이 무의식의 요청을 의식화할 수 있다면 현재의 고민은 해결된다.

고민에 빠져 있는 사람은 우선 자신이 무엇을 고민하고 있는지 이해해야 한다. 그들은 '고민하는 것이 고민'이라고 생각한다. 그러나 고민하는 행위는 현상이며 고민의 본질과는 다르다.

이 책을 통해서 자신이 지금 고민하고 있는 내용의 정체를 밝혀낼 수 있다면 다행스러운 일이다. 예를 들어, "그래. 지금 내가 고민하고 있는 것은 이 문제 자체가 아니라 예전에 처리되지 않은 분노가 변장을 해서 나타나 있는 거야."라고 이해할 수 있다면 정말 다행스러운 일이다.

이 책에서는 위대한 정신과 의사나 정신의학자의 생각들을 다양하게 소개했다. 그 위대한 사람들의 업적은 인류의 귀중한 유산이다.

행복해지고 싶은데 왜 행복해질 수 없는 것일까? 진심으로 행복해지려고 하지 않기 때문이다. 다른 영역에서 '불행해지려고 노력하고 있기' 때문이다. 자신이 행복해지는 것보다 "그 사람에게 복수하는 것이 더 중요하다."고 생각하기 때문이다.

이런 사람은 의식적으로는 "나는 행복해지고 싶어."라고 말하지만 무의식적으로는 "나는 불행을 절대로 놓지 않을 거야."라고 생각하고 있다.

그 사람에게 복수할 수 있는 기쁨에 비하면 현재 자신이 불행한 것 따위는 문제가 아니다. 그 사람이 불행해지도록 할 수 있다면 자신의 불행 따위는 문제가 아니다.

의식에서는 "나는 행복해지고 싶어."라고 생각한다. 그러나 무의식에서는 "그 사람이 불행해질 수 있다면 나는 불행해도 좋아. 중요한 것은 나의 행복이 아냐. 그 사람이 불행해지는 거야."라고 생각하고 있다.

사람은 자신이 불행을 선택해도 "나는 불행을 선택했어."라는 사실을 의식하지 않는다. 그것이 문제다. 자신이 행복해지는 것보다 다른 사람을 불행하게 만드는 쪽이 심리적으로 편하다.

자신이 행복해지려면 무엇인가를 쌓아나가야 할 필요가 있다. 그리고 쌓아나가려면 하루하루의 노력이 필요하다. 다른 사람을 불행하게 만들려면 마음속에 증오의 감정만 있으면 된다. 하지만 증오와 복수는 자신의 인생을 점점 망가뜨릴 뿐이다. 이 책은 그런 사실을 의식하기 위해 쓴 것이다.

자신이 불행을 선택했다는 사실을 의식하고 있지 않기 때문에 아무리 시간이 흘러도 불행에서 벗어나지 못하는 것이다. 곤란을 극복했을 때, 곤란은 중요하다는 사실을 깨닫는다. 곤란이 없으면 앞으로 나아갈 수 없다. 곤란이 없으면 인생의 파도를 탈 수 없다.

자신의 마음의 역사를 공부해서 행복과 운을 스스로 붙잡아야 한다. 이 책이 자기 자신을 올바르게 이해하는 데 도움이 되기를 바란다.

고통스러운 과거에 얽매여 빛나는 미래를 잃지 말자. "이렇게 했어야 했어, 그렇게 했어야 했어."라고 후회하고 고민하는 동안에 인생은 끝난다. 불평을 늘어놓기 전에 생각을 조금만 전환하면, 삶을 조금씩만 바꿔나가면 그렇게 고민하지 않아도 얼마든지 행복하게 살 수 있다.

| 주석 |

1 Karen Horney, *The Unknown Karen Horney*(New Haven: Yale University Press, 2000), p.320.

2 Frieda Fromm-Reichmann, *The Principles of Intensive Psychotherapy*(Chicago: The University of Chicago Press, 1950), p.14.

3 위의 책, p.14.

4 Karen Horney, *Neurosis and Human Growth*(Newyork: W. W. NORTON & COMPANY, 1950), p.56.

5 위의 책, p.57.

6 Abraham H. Maslow, *Toward A Psychology of Being*(Newyork: D. Van Nostrand Co. Inc., 1962), p.60.

　　―, 우에다 요시카즈(上田吉一) 역,《완전한 인간》(誠信書房, 1964), p.80.

7 Dale Carnegie, *How to Win Friends and Influence People*(Newyork: Simon & Schuster, Inc., 1998).

　　―, 야마구치 히로시(山口博) 역,《사람을 움직인다》(創元社, 1999), p.256.

8 Manes Sperber, *Masks of Loneliness*(Newyork: Macmillan Publishing Co. Inc., 1974), p.180.

9 Karen Horney, *The Unknown Karen Horney*(New Haven: Yale University Press, 2000), p.317.

10 Aaron T. Beck, *Depression*(Philadelphia: University of Pennsylvania Press, 1967), p.27.

11 위의 책, p.27.

12 위의 책, p.31.

13 위의 책, p.265.

14 위의 책, p.22.

15 위의 책, p.27.

16 Robert A. Becker, *Addicted to Misery: The Other Side of Co-Dependency*(Deerfield Beach: Health Communications, Inc., 1989), p.22.

17 Frieda Fromm-Reichmann, *The Principles of Intensive Psychotherapy*(Chicago: The University of Chicago Press, 1950), p.14.

18 Karen Horney, *Neurosis and Human Growth*(Newyork: W. W. NORTON & COMPANY, 1950), p.39.

19 Manes Sperber, *Masks of Loneliness*(Newyork: Macmillan Publishing Co. Inc., 1974), p.179.

20 위의 책, p.179.

21 위의 책, p.179.

22 Karen Horney, *The Unknown Karen Horney*(New Haven: Yale University Press, 2000), p.320.

23 위의 책, p.320.

24 Karen Horney, *Neurosis and Human Growth*(Newyork: W. W. NORTON & COMPANY, 1950), p.57.

25 David Seabury, *How to Worry Successfully*(Newyork: Blue Ribbon Books, 1936).

　　─, 가토 다이조(加藤諦三) 역,《마음의 고민을 해소한다》(三笠書房, 1983), p.200.

26 Denis Waitley, *Being the Best*(Nashville: Thomas Nelson communications, 1987).

—, 가토 다이조(加藤諦三) 역,《자신을 최고로 살린다》(ダイヤモンド社, 1989), p.49.

27 Karen Horney, *Neurosis and Human Growth*(Newyork: W. W. NORTON & COMPANY, 1950), p.42.

28 Ellen J. Langer, *Mindfulness*(Boston: Da Capo Press, 1989).

—, 가토 다이조(加藤諦三) 역,《마음의 '집착'에 이별을 고하는 심리학》(PHP研究所, 2009), pp.90-91.

29 Mary M. Goulding, Robert L. Goulding, *Changing Lives through Redecision Therapy*(Newyork: Grove Press, Inc., 1979).

—, 후카자와 미치코(深澤道子) 역,《자기 실현으로의 재결단》(星和書店, 1980), p.220.

30 Manes Sperber, *Masks of Loneliness*(Newyork: Macmillan Publishing Co. Inc., 1974), p.183.

31 Karen Horney, *The Unknown Karen Horney*(New Haven: Yale University Press, 2000), p.317.

32 Sigmund Freud,《프로이드 선집 제4권 자아론》, 이무라 쓰네로(井村恒郎) 역(日本敎文社, 1970), p.139.

33 Aaron T. Beck, *Depression*(Philadelphia: University of Pennsylvania Press, 1967), p.249.

34 Erich Fromm, *The Heart of Man*(Newyork: Harper & Row Publishers, 1964).

—, 스즈키 시게요시(鈴木重吉) 역,《악(惡)에 관하여》(紀伊國屋書店, 1965), p.179.

35 Patrick McNamara, *An Evolutionary Psychology of Sleep and Dreams*(Santa Barbara: Praeger, 2004), p.138.

36 Aaron T. Beck, *Depression*(Philadelphia: University of Pennsylvania Press, 1967), p.217.

37 David Seabury, *How to Worry Successfully*(Newyork: Blue Ribbon Book, 1936).

一, 가토 다이조(加藤諦三) 역,《마음의 고민을 해소한다》(三笠書房, 1983), p.206.

38 Aaron T. Beck, *Depression*(Philadelphia: University of Pennsylvania Press, 1967), p.27.

39 Lawrence A. Pervin, *Personality*(Newyork: John Wiley & Sons Inc., 1970), p.95.

40 Karen Horney, *Neurosis and Human Growth*(Newyork: W. W. NORTON & COMPANY, 1950), p.193, 312, 315.

41 Robert A. Becker, *Addicted to Misery, The Other Side of Co-Dependency*(Deerfield Beach: Health Communications, Inc., 1989), p.13.

42 위의 책, p.23.

43 위의 책, p.10.

44 위의 책, p.24.

45 Karen Horney, *The Unknown Karen Horney*(New Haven: Yale University Press, 2000), p.317.

46 Muriel James, Dorothy Jongeward, *Born To Win*(Boston: Addison-Wesley Publishing Company, 1973).

一, 모토아키 히로시(本明寬), 오다 마사미(織田正美), 후카자와 미치코(深澤道子) 공역,《자기 실현으로의 길》(社會思想社, 1976), p.140.

47 위의 책, p.140.

48 Robert A. Becker, *Addicted to Misery: The Other Side of Co-Dependency*(Deerfield Beach: Health Communications, Inc., 1989), p.30.

49 위의 책, p.30.

50 위의 책, p.30.

51 George Weinberg, *Self Creation*(Newyork: St. Martin's Press Co., 1978).

　一, 가토 다이조(加藤諦三) 역, 《자기 창조의 원칙》(三笠書房, 1978), p.254.

52 Alfred Adler, *Menschenkenntnis*(Frankfurt, De: Fischer Taschenbuch, 1973).

　一, 기시미 이치로(岸見一郎) 역, 《성격의 심리학》(アルテ, 2009), p.112.

53 Karen Horney, *Neurosis and Human Growth*(Newyork: W. W. NORTON & COMPANY, 1950), pp.56-57.

54 George Weinberg, *Self Creation*(Newyork: St. Martin's Press Co., 1978).

　一, 가토 다이조(加藤諦三) 역, 《자기 창조의 원칙》(三笠書房, 1978), p.251.

55 위의 책, p.251.

56 Daniel Goleman, *Emotional Inteligence*(Newyork: Bantam Books, 1995), p.203.

57 위의 책, p.203.

58 Alfred Adler, *Menschenkenntnis*(Frankfurt, De: Fischer Taschenbuch, 1973).

　一, 기시미 이치로(岸見一郎) 역, 《성격의 심리학》(アルテ, 2009), p.113.

59 George Weinberg, *Self Creation*(Newyork: St. Martin's Press Co., 1978).

　一, 가토 다이조(加藤諦三) 역, 《자기 창조의 원칙》(三笠書房, 1978), p.251.

60 Herbert Benson, Eileen M. Stuart, *Wellness Book*(Secaucus: Birch Lane Press Book, Published by Carol Publishing Group, 1992), p.178.

61 Karen Horney, *Neurosis and Human Growth*(Newyork: W. W. NORTON & COMPANY, 1950), p.57.

62 George Weinberg, *Self Creation*(Newyork: St. Martin's Press Co., 1978).

一, 가토 다이조(加藤諦三) 역, 《자기 창조의 원칙》(三笠書房, 1978), p.251.

63 Karen Horney, *Neurosis and Human Growth*(Newyork: W. W. NORTON & COMPANY, 1950), p.56.

64 위의 책, p.57.

65 George Weinberg, *Self Creation*(Newyork: St. Martin's Press Co., 1978).

一, 가토 다이조(加藤諦三) 역, 《자기 창조의 원칙》(三笠書房, 1978), p.250.

66 위의 책, p.251.

67 위의 책, p.251.

68 위의 책, p.251.

69 위의 책, pp.251-252.

70 David Seabury, *How to Worry Successfully*(Newyork: Blue Ribbon Books, 1936).

一, 가토 다이조(加藤諦三) 역, 《마음의 고민을 해소한다》(三笠書房, 1983), p.151.

71 위의 책, p.254.

72 George Weinberg, *Self Creation*(Newyork: St. Martin's Press Co., 1978).

一, 가토 다이조(加藤諦三) 역, 《자기 창조의 원칙》(三笠書房, 1978), p.254.

73 위의 책, p.258.

74 위의 책, p.258.

75 Abraham H. Maslow, *Toward A Psychology of Being*(Newyork: D. Van Nostrand Co. Inc., 1962), p.60.

—, 우에다 요시카즈(上田吉一) 역,《완전한 인간》(誠信書房, 1964), p.80.

76 Edmund Bergler, *Divorce Won't Help*(Newyork: Harper & Brothers, 1948), p.11.

77 야스다 미야코(安田美彌子),《알코올의존증 가정과 아이들》(太陽出版, 1994), p.45.

78 George Weinberg, *Self Creation*(Newyork: St. Martin's Press Co., 1978).

—, 가토 다이조(加藤諦三) 역,《자기 창조의 원칙》(三笠書房, 1978), p.208.

79 Gordon Allport, *The Nature of Prejudice*(Newyork: A Doubleday Anchor Books, 1958).

—, 하라야 다쓰오(原谷達夫), 노무라 아키라(野村昭) 공역,《편견의 심리 하권》(培風館, 1961), p.133.

80 위의 책, p.154.

81 David Seabury, *Stop Being Afraid*(Newyork: Science of Mind Publications, 1965).

—, 가토 다이조(加藤諦三) 역,《문제는 해결할 수 있다》(三笠書房, 1984), p.157.

82 Erich Fromm, *The Sane Society*(Newyork: Rinehart & Company, Inc., 1955).

—, 가토 마사아키(加藤正明), 사세 다카오(佐瀨隆夫) 공역,《정기(正氣)의 사회》(社会思想社, 1958), p.47.

83 Gordon Allport, *The Nature of Prejudice*(Newyork: A Doubleday Anchor Books, 1958).

—, 하라야 다쓰오(原谷達夫), 노무라 아키라(野村昭) 공역,《편견의 심리 하권》(培風館, 1961), p.140.

84 Aaron T. Beck, *Depression*(Philadelphia: University of Pennsylvania Press, 1967), p.18.

85 Nathan Leits, *Depression and Masochism*(Newyork: W. W. NORTON & Company, Inc., 1979), p.136.

고민을
그만하고 싶습니다만

초　판 1쇄 발행　2016년 11월 28일
개정판 1쇄 발행　2023년　2월 10일

지은이 | 가토 다이조
옮긴이 | 이정환
펴낸이 | 한순 이희섭
펴낸곳 | (주)도서출판 나무생각
편집 | 양미애 백모란
디자인 | 박민선
마케팅 | 이재석
출판등록 | 1999년 8월 19일 제1999-000112호
주소 | 서울특별시 마포구 월드컵로 70-4(서교동) 1F
전화 | 02)334-3339, 3308, 3361
팩스 | 02)334-3318
이메일 | namubook39@naver.com
홈페이지 | www.namubook.co.kr
블로그 | blog.naver.com/tree3339

ISBN　979-11-6218-235-2　03180